W0376733

Coco's Diary 2

Comic-Roman

Gerda Maria Pum

Iris Blanck

Für Luise,

die mich mit ihren tollen Ideen inspiriert

und Coco genauso liebt wie ich.

Sonntag, 29. Mai

Schön langsam lande ich wieder auf der Erde. War gestern nicht einmal fähig, Tagebuch zu schreiben. So viel ist passiert, der Ball, die Mitternachtseinlage und natürlich GABRIEL. Denke manchmal noch immer, dass ich träume und kann kaum glauben, dass all das gerade MIR passiert sein soll.

Treffe mich jetzt gleich mit Britta und Josephine, die brennen vor Neugierde. Verstehe ich total, mir würde es nicht anders gehen. Haben natürlich schon am Telefon gequatscht, aber Mama verhängte gestern eine Ausgangs-sperre für mich – sollte mich ausruhen, weil ich ja anscheinend noch ein BABY bin!!!

Naja, so kam's rüber bei mir!

Gabriel rief gestern 2 x an. Es war so süß, wie er zuerst herumgedruckst hat. Fragte mich, ob ich die Ballnacht gut verkraftet habe. Tat auch nicht so obercool und lässig, wie ich es von meinem Bruderherz kenne, wenn er mit seinen „Eroberungen“ telefoniert.

Ist schon irgendwie komisch, dass es da jemanden gibt, der dein Herz rasen lässt. Passiert einem ja auch nicht alle Tage, mir jedenfalls zum ersten Mal… – so RICHTIG. Freue mich total, Gabriel wieder zu sehen! Trotzdem, jetzt sind erstmal meine Mädels dran!

Hatten so viel Spaß! Britta und Josephine sind kein bisschen eifersüchtig oder neidisch. Solche Freundinnen zu haben, ist nicht selbstverständlich. Liegt mir schon im Magen, dass ich nicht so ganz ehrlich zu Josephine bin. Den Grund, warum Gabriel damals Schluss gemacht hatte, musste ich ja irgendwie geheim halten. Josephine weiß es immer noch nicht, dass ich

eine Vampirin bin. Das ist ein saublöder Zustand, den ich bald ändern muss – Josephine verdient das einfach nicht!

Bis ins kleinste Detail musste ich ihnen alles vom Ball erzählen. Alles interessierte sie und wir lachten echt viel, besonders über die Lobenwein, der die Kinnlade herunterfiel, als sie mich bei der Mitternachtseinlage entdeckte. Hoffentlich gibt's da kein böses Nachspiel! Aber was soll's, das halte ich aus.

Über Gabriel sagten sie nur so viel: „Hoffentlich hat er sich's jetzt WIRKLICH überlegt, sonst kratzen wir ihm die Augen aus." Zuzutrauen wäre ihnen das allemal. Britta werde ich natürlich den wahren Grund sagen und Josephine muss es dann auch wissen, vor allem das mit mir.
Morgen ist leider wieder Schule, noch knappe drei Wochen, dann sind Ferien. Wie soll ich es bis dahin nur schaffen! Augen zu und durch!!!

Montag, 30. Mai

Gabriel und Sidney kamen gestern noch bei uns vorbei – yay! Karl wollte mit Sidney was besprechen und Gabriel kam einfach mit. Mama witterte sofort Gefahr und nahm alle drei Jungs in Beschlag. Natürlich hatte sie nicht vergessen, wie sehr ich wegen Gabriel gelitten habe! Aber da hatte sie die Rechnung ohne ihren Sohn gemacht. Karl hat doch Herz, zwar nur ein Vampirherz, aber immerhin. „Nachbesprechung zum Ball", seufzte er und verdrehte die Augen. „Mama, du störst uns dabei!" Und schon hatte er sie aus dem Zimmer geschoben und grinste uns an.

Was dann kam, war wieder typisch für mein Brüderchen. Machte einen Kussmund und schickte Küsschen in Gabriels und meine Richtung. Dabei schüttelten sich Sidney und er vor

Lachen, vor allem weil Gabriel und ich total rot wurden. „Ganz schön verknallt“, flüsterte er in mein Ohr, aber dann ließen uns die „großen“ Jungs in Ruhe. Setzten sich sogar Kopfhörer auf und hörten in Karls neue CD rein.

Gabriel und ich hockten auf dem Boden, guckten uns an und redeten: Über seine Familie, die früher in Litauen lebte und seine Großeltern, die dort geblieben sind. Eigentlich sind das ja Sidneys Oma und Opa, aber auch sie lieben Gabriel und würden ihm niemals etwas zuleide tun. Ist ja fast noch komplizierter als bei uns. Nur schade, dass Mama das auch alles weiß, anders

wär's jetzt wohl besser. Oder vielleicht auch nicht?
Jedenfalls lasse ich mir Gabriel nicht ausreden, nicht von Mama oder sonst jemandem. Wir waren zwar keine Sekunde allein, trotzdem war es so schön. Hauptsache, er war da.
Ach ja, Schule war wie immer, außer dass Gabriel in jeder Pause in meiner Nähe stand und sich alles noch um den Ball drehte. Bis auf Emilie waren alle total begeistert und irgendwie stolz, dass wenigstens zwei aus unserer Klasse dabei waren. Aber wen interessiert schon Emilie? Seit sie in Italien gepetzt hat, mag sie sowieso niemand mehr!

Übrigens: Gabriel und ich haben beschlossen, es nicht so in der Schule zu zeigen, dass wir jetzt zusammen sind. Wir wissen ja, wie peinlich so was werden kann. Außerdem nervt das wirklich alle. Aber ich glaube, die meisten haben es schon gecheckt, dass Gabriel und ich uns mögen – sehr mögen!!!

Dienstag, 31. Mai

Bin echt sauer. „Sargmeister an die Tafel!" Erst als sie vor mir stand, wusste ich, dass sie mich meinte. Sollte irgendeine blöde Rechnung lösen. Ich glaube, was die Schule betrifft, hab ich irgendwie ein Brett vor meiner Stirn und zwar ein massives. Zur Zeit weiß ich nicht einmal, wie man ein Dreieck beschriftet – all meine Gedanken kreisen nur um Gabriel. Hab mich vor der ganzen Klasse blamiert! „Na, wenn man um Mitternacht lieber in einem albernen Vampirkostüm rumhopst", war ihr bösartiger Kommentar, den Emilie auch noch mit einem dämlichen Grinsen und Kopfnicken unterstrich.

Da spürte ich sie wieder, diese Wut, die blitzartig in mir hochschoss. Muss das im Auge behalten! Von wegen albern, soll froh sein, dass ich nur rumgehopst und ihr nicht an die Kehle gesprungen bin! Gabriel war so süß, stand gleich nach der Stunde neben mir und zog mich einfach mit nach draußen. Legte im Schulhof seinen Arm um meine Schulter und drückte mich an sich. Das tat so gut, der Zoff mit der Lobenwein war plötzlich unwichtig. Emilie starrte zu uns rüber, naja, ein bisschen (viel!) Genugtuung gab mir das schon. Hoffe, ich hab nicht zu schadenfroh geguckt, obwohl, ist schon okay, finde ich.
Papa fährt morgen nach Paris, trifft sich dort mit einem befreundeten Designer. Er wollte so gerne Mama mitnehmen, aber da hat leider wieder mal ihr ausgeprägter BEMUTTERUNGSINSTINKT gesiegt. Wir würden schon nicht das Haus abfackeln oder kleine Kinder auf die Speisekarte setzen. Außerdem hat sie einen 6. Sinn für gewisse Stimmungslagen, besonders wenn die in Richtung VERLIEBTSEIN gehen. Bilde mir das definitiv nicht ein, aber Mama lässt mich kaum aus den Augen. Warum haben Eltern und insbesondere Mütter so WENIG Vertrauen in ihre Kinder?! Ob das anderen auch so geht? Bin erschöpft und muss noch so viel für die Schule erledigen, einfach nur HORROR.

MAMA
sieht alles!

Mittwoch, 1. Juni

Papa ist abgereist, habe ihn beneidet. Ach, könnten doch Gabriel und ich nach Paris fliegen. Wie cool

wäre das denn! Naja, aber das Leben ist kein Wunschkonzert.

War nach der Schule mit Britta und Josephine im Schwimmbad. Larissa und Yvonne aus der Abschlussklasse waren auch da. Die beiden taten so überheblich und erwachsen, würdigten uns keines Blickes. Wohl schon vergessen, WER sie vor einer Blamage beim Abschlussball gerettet hat? Gabriel konnte heute leider nicht mit uns ins Bad, weil er morgen noch eine Französischprüfung hat. Hätte ihn so gerne beim Lernen unterstützt. Bin in Französisch zwar nicht so gut wie Mama und Papa, die sprechen es ja fließend, aber auch nicht so grottenschlecht wie Karl. Glaubt, wenn er „l'amour", „rendez-vous" und „je t'aime" versteht, reicht das!

Aus meiner „Nachhilfe“ wurde nichts – Mama hat sich natürlich wieder quergestellt. Will sie aber jetzt nicht verärgern, wo doch Papa weg ist und ich mit null Unterstützung seinerseits rechnen kann. Außerdem: Gabriel muss WIRKLICH lernen!!!! Seufz.

Donnerstag, 2. Juni

Gabriel hat die Prüfung geschafft! Er hat Madame Ponthien so angestrahlt (das kann er!), aber auch super viel gewusst. Glaube, sie mag coole Jungs. Auf alle Fälle sagte sie immer „très bien“ und lächelte ihn augenzwinkernd an. Sie zählt echt zu den GUTEN (Lehrern)! Sie ist immer elegant angezogen und sehr charmant, eben eine richtige MADAME.

Treffe mich gleich mit Gabriel. Wollen noch ein bisschen in der Eisdiele feiern. Britta und Josephine kommen vielleicht auch, wenn sie zu Hause nicht irgendwelche Sklavenarbeiten aufgebrummt bekommen. Ich sage nur: ELTERN!!!

Freitag, 3. Juni

Gestern Nachmittag war's einfach nur „himmlisch". Hatte mich ja mit Gabriel in der Eisdiele verabredet. Fand ich besser, ihn erst dort zu treffen. Mama gibt auch so schon genug Ratschläge und verpackt darin ihre Lebensweisheiten. Möchte einfach auch eigene Erfahrungen sammeln und wenn ich was falsch mache, muss ich es eben selbst ausbaden. Wird wohl nicht so schlimm werden.

Gabriel boxte gerade Luca in die Seite und lachte, als ich kam. Denke, dass Luca ihn wegen mir aufgezogen hat. Wie Jungs halt so drauf sind. Gabriel kam mir gleich entgegen und küsste mich auf den MUND. Keine Wangenbussis, sondern ein richtiger KUSS. Meine Knie wurden schon ein bisschen weich. WOW, er steht zu mir, ist das SCHÖÖÖN!

Wir bestellten Eis, hielten uns an den Händen und merkten gar nicht, wie das Eis in unseren Bechern schmolz. Bei Gabriel brauche ich mich null zu verstellen oder besonders cool zu sein, glaube ich jedenfalls. Ach, in meinem Kopf schwirrt und dreht sich alles, auf den kann ich mich momentan gar nicht verlassen! Höre einfach nur auf meinen Bauch und der sagt „Jippie"...

Josephine und Britta kamen auch noch dazu, will es mir nicht eingestehen, aber ein bisschen störten sie doch! Blödsinn, meine besten Freundinnen stören (FAST) nie!
Wurde dann aber richtig lustig, weil sich auch noch Luca und Hugo zu uns setzten. Ich glaube, Hugo denkt seit der Mitternachtseinlage, dass er ein TÄNZER ist. Hat nur von unserem gemeinsamen, tollen Auftritt geschwärmt, bis alle die Augen verdrehten. Armer Hugo, aber aus einer Tanzkarriere wird nichts werden!

Samstag, 4. Juni

Endlich Wochenende! Irgendwie stehen die Lehrer unter Hochspannung. Nehmen sich wie immer total wichtig und müssen anscheinend jede Note ABSICHERN. Das bedeutet: Wir Schüler sind echt in KEINER Stunde (nicht einmal in MUSIK!!) vor ihnen sicher. Prüfungen, Tests, Zwischenfragen, das NERVT! Jedes Jahr derselbe Zirkus, als ob ein Schuljahr nicht schon lang genug wäre!

Manche Lehrer tun immer so dramatisch, als müssten sie zwischen Leben und Tod entscheiden und nicht zwischen einer 3 und einer 4. Mama ist wirklich eine Nervensäge, aber was die Noten betrifft, ist sie irgendwie entspannt: Hauptsache positiv. Ohne diese Überlebensstrategie würde sie Karls Zensuren wohl nicht verkraften. Papa hält sich aus solchen Dingen immer fein raus.
Finde ich super!

Mein schöner, freier Samstag endete in einer Tragödie: Mama bildete sich urplötzlich ein, einen Putztag daraus machen zu müssen. Geht's noch?! Natürlich hat sie mich eingeteilt, das war die reinste Schufterei. Sogar die Fenster musste ich putzen. Danach war ich so geschafft, dass ich nur noch ins Bett fiel. Und was tat mein lieber Bruder? Hatte sich wie immer rechtzeitig aus dem Staub gemacht. Im wahrsten Sinn des Wortes! Mamas liebes Karlchen!

Sonntag, 5. Juni

Mir tut alles weh. Bin ich der HAUSSKLAVE? Für Schularbeiten und Prüfungen lernen und zu Hause auch noch ackern. Fehlt nur noch, dass ich heute zur Gartenarbeit eingeteilt werde. Aber da streike ich! Was Karl kann, kann ich schon lange. TSCHÜSS!

War eine Superidee! Bin zu Britta geradelt und wir haben in ihrem Zimmer richtig gechillt. Jetzt, da Britta die Versetzung geschafft hat, gönnt ihr ihre Mama auch mal einen freien Sonntag. Hat uns Kuchen und Saft ins Zimmer gestellt.

Naja, Britta musste für ZWEI essen. Habe Britta auch den wahren Grund für Gabriels eigenartiges Verhalten von damals erzählt. Verstand sie zwar nicht ganz, war aber unglaublich mitfühlend, als ich ihr sagte, dass ich mich Josephine gegenüber manchmal schlecht fühle. Ich kann ihr doch genauso vertrauen. Glaube aber, es muss einfach der Zeitpunkt für so ein Gespräch passen.

Am Abend noch mit Gabriel telefoniert. SCHÖÖÖÖN!

Geh jetzt schlafen.

Montag, 6. Juni

Morgen nur 2 Stunden Unterricht, dann geht's ab in die Kapuzinergruft! Exkursion in Geschichte, weiß nicht, ob ich mich darauf freuen soll. Hab bis jetzt immer einen Bogen um die Gruft der Habsburger-Kaiser gemacht. Vampire und Särge – da kommen so alte Erinnerungen aus verschiedenen Erzählungen hoch. Ach was, denk positiv, Coco!!

Britta hat mich auch schon angerufen, ob das wohl kein Problem für mich sei. Weiß, dass sie nicht von meiner Seite weichen wird, sie ist einfach die Beste!

Mama hatte merkwürdigerweise überhaupt keine Bedenken, ganz im Gegenteil, sie war ganz in ihrem Element als Kunsthistorikerin. Textete mich fast eine Stunde zu, welche Kunstschätze da auf mich warten würden.

Erzählte Gabriel noch am Telefon, dass ich wegen morgen schon ein mulmiges Gefühl habe. Merkte direkt, wie er grinste, aber er bot sich an, mich vor allen Gefahren zu beschützen. Mein HELD!

Dienstag, 7. Juni

Bekamen noch Regieanweisungen von der Lobenwein, wie wir uns in der Gruft verhalten müssen. Wie immer, superwichtig und mit erhobenem Zeigefinger. Unsere Geschichtsprofessorin blickte ziemlich ausdruckslos drein. Keine Ahnung, was sie sich dabei dachte. Frau Almasy ist zwar etwas verschroben, aber gerecht und niemals bösartig.

Kamen gar nicht auf die Idee, Quatsch zu machen, nicht mal die Jungs. Waren gleich von dieser morbiden Atmosphäre eingehüllt. Fand's dort gruselig und saukalt. Für mich gibt's echt was Schöneres, als einen warmen Sommertag unter einer Kirche mit längst Verstorbenen zu verbringen. Gabriel legte seinen Arm um meine Taille und blickte mich unentwegt fragend an. Denke, dass er sich Sorgen um mich machte.

Wir standen gerade bei einem kunstvoll verzierten Sarkophag und ich wollte mit meiner Hand ganz vorsichtig darüber streichen. Da baute sich neben mir ein Museums- oder Gruftwächter auf. Bevor er etwas sagen konnte, rief Frau Almasy: „Sargmeister, Hände weg!" Der Grufti fühlte sich wohl angesprochen, wurde knallrot und erwiderte grantig: „Bei uns gibt's keine SARGMEISTER, wir sind Museumswächter." Das war einfach zu viel, wir brachen vor Lachen fast zusammen – und das zwischen

12 toten Kaisern und 19 toten Kaiserinnen. Wir konnten uns einfach nicht beruhigen, deshalb beendete unsere Professorin die Führung. Die Frau hat echt Humor, sie lachte mit uns mit und spendierte uns sogar ein Eis.
Solche Profs gibt es auch noch!

hi!
-he!
Ha!
Ha!

Mittwoch, 8. Juni

Papa kommt heute wieder aus Paris, fahre gleich mit Mama zum Flughafen. Er hat so geheimnisvoll getan, vielleicht hat er ein Geschenk für mich?

Von wegen Geschenk, eine Katastrophe bahnt sich an! Papa will in den Ferien mit seinem Freund die Wohnungen tauschen! Im Klartext: Wir wohnen in Paris und er mit seiner Familie in Wien. Ich bin total sauer, immer wird alles über meinen Kopf hinweg entschieden. Gerade jetzt, wo es mit Gabriel so schön ist, soll ich nach Paris!! Ich will einfach nicht, versteht das denn keiner? Mama ist ganz high, sieht wieder alles durch die rosa Brille und spricht plötzlich nur noch französisch. Ist einfach nur peinlich, wie sie sich da reinsteigert. Und Karl hat Herzchen in den Augen und redet nur von den süßen Französinnen. Bei seinen Französischkenntnissen wird er sowieso zur Lachnummer!

Nein, da müssen sie mich schon fesseln und knebeln, sonst bringen sie mich niemals nach Paris. BASTA!

Donnerstag, 9. Juni

Wollte nicht am Telefon und nicht in der Schule mit Gabriel und meinen Mädels darüber reden. Treffe mich zuerst mit Britta und Josephine und später mit Gabriel. Er hat heute wieder Bandprobe.

Mitleid sieht anders aus! Meine Freundinnen waren hin und weg, haben nur geschwärmt: „PARIS, Coco, stell dir mal vor, PARIS! Die Stadt der Liebe, du Glückspilz!" Wäre ja auch super, wenn ich nicht Ewigkeiten von Gabriel getrennt wäre. Ich weiß nicht, ob Britta und Josephine das kapieren, schließlich waren sie ja noch NIE richtig verliebt. Was hilft mir die Stadt der Liebe, wenn Gabriel in Wien ist und ich in Paris bin? Könnte losheulen, aber Gabriel holt mich gleich ab.

Gabriel rief vorhin an, muss heute noch ewig proben. Die haben einen Neuen in der Band. Ist auch schon egal. Mit meinen Eltern rede ich kein Wort, machen sowieso immer nur das, was SIE wollen.

Freitag, 10. Juni

Gabriel war heute komisch drauf. Natürlich wusste er schon von Sidney, dass ich nach Paris MUSS. Enttäuschung darüber? – FEHLANZEIGE! Faselte so herum, dass es nicht so schlimm sei – nur 2 Monate – und dass er sich NIEMALS in eine andere verlieben könnte! Schließlich beichtete er, dass er in den Ferien nach Litauen fahren wird, dass das schon lange geplant sei, und so weiter und so fort. Super, dass ICH das jetzt auch endlich erfahre! Habe für heute genug! Schön, wenn für manche alles sooo einfach ist. Bin wütend!

Samstag, 11. Juni

Heute standen meine beiden Freundinnen vor der Tür – wie zwei Kampfhennen! Hatte gar keine Chance, sie abzuwimmeln. „Wir müssen reden, Coco!", funkelten sie mich an. Also redeten wir. Britta und Josephine legten sich mächtig ins Zeug. Ich solle mich nicht wie eine alte, frustrierte EHEFRAU aufspielen und dass Gabriel ja auch lieber hierbleiben würde. Was war das denn! Schön, ich war zu Gabriel vielleicht etwas ungerecht, aber deshalb gleich zu meinen besten Freundinnen laufen??

Tief in meinem Inneren weiß ich ja, dass ich manchmal überreagiere. Ist auch absolut okay, dass mich meine Freundinnen daran erinnern, aber weh tut's trotzdem. Schließlich sind sie ja MEINE Freundinnen. Gabriel hatte inzwischen angerufen, aber ich hatte null Bock, mit ihm zu reden. Morgen vielleicht!

Sonntag, 12. Juni

Gabriel hatte echt ein schlechtes Gewissen. Wollte ihn eigentlich erstmal ein bisschen schmoren lassen, aber das wäre gemein gewesen. Er hatte mit seiner Mama dieselbe Diskussion, sogar

Streit. Er zerbrach sich den Kopf, wie er hierbleiben könnte und war deshalb irgendwie erleichtert, als er hörte, dass wir im Sommer in Paris sind. Ist auch total angefressen und traurig. Klar wird er mich vermissen, wie konnte ich nur daran zweifeln! Zu zweit lästerten wir dann über unsere Eltern ab. Das tat richtig gut. Bin so froh, dass wir das geklärt haben. Haben uns vorgenommen, die Zeit bis dahin zu genießen und uns dann täglich zu schreiben. Aber am schönsten war der Kuss zum Abschied.

Montag, 13. Juni

Wir fliegen schon diesen Samstag!! Papa hat da wegen des Ferienbeginns wieder was verwechselt und deshalb haben die Franzosen schon gebucht. War auch heute beim Direktor in der Schule, er hat uns eine Woche früher freigestellt. Was soll ich DAZU noch sagen? Papa, dieser alte CHAOT... Trotzdem liebe ich ihn!

Habe gleich mit Britta und Josephine eine Krisensitzung. Gabriel weiß es auch schon. Kommen uns ein bisschen wie ROMEO und JULIA vor – mit den Eltern, die das Glück ihrer Kinder total verbocken. Naja, so dramatisch ist es auch wieder nicht. Können ja immerhin noch gemeinsam durchbrennen. Hihihi!!

Dienstag, 14. Juni

Einen einzigen Vorteil hat auch diese Sache – die Schule ist für mich gelaufen. Die Lobenwein hat wohl in meine Richtung gemotzt, dass manch einer immer „EXTRAWÜRSTE“ bekommt.

Aber diesmal ist sie machtlos. Gegen den Direx kommt nicht einmal sie an.

Mama schlägt fast Funken, so rotiert sie. Überall stapeln sich Shirts, Kleider, Hosen, Schuhe. Wir wandern doch nicht aus, oder? Sehe das Kofferpacken ziemlich entspannt, mache alles erst am Freitag. Warte noch auf Gabriels Anruf, bin dann mal weg.

Mittwoch, 15. Juni

Heute ist Papas Geburtstag! Zählen gar nicht mehr, der wievielte es eigentlich ist. Normalerweise rauscht ja die Familie an (Oma, Opa, Tante Augusta, ...), aber heute fällt das aus. Glück gehabt, obwohl, Oma ist echt cool. Mama braucht die Zeit zum Packen und Papa macht sich sowieso nichts aus

Familienfeiern. Brauche noch ein kleines Geschenk, möglichst was Originelles. Denke, dass mir Britta dabei hilft.

Gestern waren Gabriel und ich im Kino, der Film war echt der HORROR! Aber ich hatte einen guten Grund, mich immer an Gabriel zu kuscheln. Mag nicht daran denken, dass ich in 4 Tagen schon weg bin. Fange gleich wieder an zu heulen. MIST.

Muss mich beeilen, Britta wird in 5 Minuten da sein.

Britta hat wieder alles gegeben, um mich zum Lachen zu bringen. Sie ist so unglaublich lustig.

Machen jetzt doch noch eine kleine Überraschungsparty. War Brittas Idee. Fanden eigentlich beide, dass ein Geburtstag nicht ganz OHNE Party vorbeigehen sollte! Wir entdeckten so eine kleine Konditorei in einer engen, hufeisenförmigen Gasse nicht weit von unserer Schule entfernt. Sie war so versteckt, dass wir sie bislang noch nie entdeckt hatten.

Das winzige Schaufenster war liebevoll dekoriert. Da lagen auf weißen Spitzendeckchen kunstvoll verzierte Törtchen, kleine Napfkuchen, Kringel, Plätzchen und Pralinen, alle überzogen mit

Zuckerguss in den verschiedensten Rottönen. Alles erinnerte an einen Laden vor hundert Jahren. Britta zwinkerte mir verschwörerisch zu und schob mich durch die Ladentür.

Als der Konditor sich umdrehte und uns begrüßte, blitzten zwei spitze Eckzähne kaum sichtbar unter der Oberlippe hervor. Als er grinste, waren die Hauerchen nicht mehr zu übersehen. Nun war klar, die süßen Leckereien mussten wohl besondere „Spezialitäten" sein.

Aber was am tollsten war, es gab auch noch 3 Tische mit supergemütlichen, samtbezogenen Sesseln im hinteren Teil des Ladens. Der perfekte Ort für eine kleine, feine, spontane Feier. Haben gleich mal reserviert! Muss jetzt nur noch meine Familie dorthin schleppen – Konditorei „Wiener Blut", wir kommen.

Das war echt die beste improvisierte Mini-Geburtstagsfeier. Wir waren zwar nur zu viert, aber gegessen haben wir für 20!! Maximilian, der Konditor, servierte uns zuerst seine preisgekrönten (vom Vampir-Backwettbewerb 1897) runden Sahnetörtchen mit weinrotem Blutgelee, gefolgt von Napfküchlein mit rosa Blutzucker bestreut. Dann kam eine Auswahl von Pralinen der Blutgruppe A und B, rote Blut-Kringel und

Plätzchen mit feinster Glasur aus besonders süßem Blut. Der krönende Abschluss war aber die Spezialität des Hauses: das „Blutkrusterl" aus hundertjährigem, „blauen" Blut. Hmmm... einfach zum Sterben lecker!

Papa war total überwältigt und gerührt, dass Britta und ich so was Tolles für IHN ausfindig gemacht hatten. War so ein schöner Nachmittag.

Donnerstag, 16. Juni

Gestern Abend hatte Papa die beste Idee überhaupt. Josephine und Britta sollen mich in Paris besuchen kommen!!! Wenn das klappen würde! Habe beide sofort angerufen, werden mir heute Bescheid sagen. Flippten am Telefon völlig aus, alle beide! Vormittags in der Schule wussten sie es noch nicht hundertprozentig. Bei Josephine bin ich mir fast sicher, aber ob Britta darf?

Mama war gerade in meinem Zimmer. Ihr Lächeln verriet mir sofort: Sie dürfen kommen!! Beide Mamas haben lange mit meiner Mama gequatscht, merkten wahrscheinlich gleich, dass sie die „OBERGLUCKE" ist. Finde ich echt süß, dass Mama ihr Bestes gab, um die beiden zu beruhigen.

Vielleicht ist heute der richtige Zeitpunkt, Josephine alles zu erklären? Aber was, wenn sie sich erschreckt und nichts mehr mit uns zu tun haben will? Oder sauer ist, weil es Britta schon vor ihr wusste? Manno! Aber irgendwann muss ich da sowieso durch.

Freitag, 17. Juni

Josephine weiß es jetzt auch. Waren alleine, als ich es ihr gesagt habe. Ihre Augen waren zuerst riesengroß vor Schreck, aber dann reagierte sie genauso lieb wie Britta damals. „Wusste ich doch, dass mit dir etwas nicht stimmt... und das meine ich nicht böse", lachte sie.
Aber dann sagte sie, dass ich der liebste Vampir sei, den sie

kennt. Natürlich bin ich der einzige Vampir, den sie kennt... oder nicht ganz, Mama, Papa, Karl und ein paar andere kennt sie ja auch.

Klar musste ich viele Fragen beantworten, aber es schien sie NICHT zu erschrecken. Immer wieder umarmte sie mich. Ich bin soooo erleichtert. ENDLICH.

Bei aller Plänemacherei mit meinen Mädels für unseren Parisurlaub bin ich trotzdem total traurig. Morgen geht's los. 2 lange Monate ohne Gabriel. Wie soll ich das bloß schaffen. Er wollte mich morgen zum Flughafen begleiten! Aber lieber verabschiede ich mich heute schon von ihm. Neben Karl und meinen Eltern will ich das nicht.
Muss auch noch fertig packen. MERDE! (französisch für das SCH...Wort)

Samstag, 18. Juni

Abschied tut so weh, überhaupt, wenn man jemanden richtig doll mag. Gabriel hat mir noch einen Brief gegeben. Darf ihn aber erst in Paris lesen. So süß. Werde ihn so wahnsinnig vermissen. NIEMALS wird mir ein Junge mehr bedeuten, das weiß ich ganz sicher. ADIEU, Gabriel! (französisch für „Auf Wiedersehen"... glaube ich)

Schnell noch mein Tagebuch im Koffer verstauen und dann BON VOYAGE! (französisch für „Gute Reise"... – Der Französisch-Unterricht macht sich bezahlt.)

Sonntag, 19. Juni

Einfach nur UNGLAUBLICH! Wohnen in Montmartre, im 18. Arrondissement, in der RUE BERTHE. Papas Freund hat eine total coole Wohnung und zwar im KÜNSTLERVIERTEL! Klar, er ist ein gefragter Designer, aber dass er so wunderschön wohnt? Ich werde verrückt!!

Bin echt ein GLÜCKSPILZ.

Alles Weitere morgen. Muss auspacken und dann noch was essen. Der Kühlschrank ist schon voll mit unseren Konserven.

Montag, 20. Juni

Hab gerade an Gabriel, Britta und Josephine gedacht. Die Armen, müssen noch die Lobenwein, Krätzel und Co. ertragen! Wenn jetzt noch Gabriel und die Mädels da wären, dann wäre ich nicht nur in Paris, sondern im PARADIES!

Die Stadt ist so ein Traum. Hab zwar noch nicht viel gesehen, aber ich spüre das einfach. Bin ich froh, dass ich so halbwegs französisch spreche. Es klingt so cool, wenn sie MADEMOISELLE COCO sagen. MONSIEUR KARLLLLLLL, mein Bruder, regt sich unglaublich über die Franzosen auf, dass sie seinen Namen so komisch aussprechen und er so gut wie NICHTS versteht. Selbst Schuld! Hätte er lieber mal mehr FRANZÖSISCH gebüffelt.

Immer noch einiges zu erledigen, macht mir auch Spaß, Mama zu helfen. Sie ist wie ausgewechselt und steht schon in den Startlöchern, den LOUVRE (das coolste Museum der Stadt) zu stürmen. Denke, dass sie mehr dort als zu Hause sein wird. Super Aussichten, Coco!

Dienstag, 21. Juni

Gabriels Brief ist so romantisch, hab ihn unter meinem Kopfkissen liegen und lese ihn immer wieder. Es ist einfach schön, wenn jemand schreibt, dass er einen vermisst, weil er mit niemandem auf der Welt lieber seine Zeit verbringt. Er hat sogar ein Foto von sich mit reingemacht. Awww... sein Lächeln ist einzigartig! Wir texten jeden Tag ein paar Mal miteinander, schicken uns Voicemails und Fotos, da wird die Sehnsucht schon riesig. Obwohl es mir da ja noch besser geht als ihm, weil ich so viel Neues und Aufregendes erlebe. Bin froh, dass Gabriel gleich zu Ferienbeginn nach Litauen fährt, wo er viele Freunde wieder trifft, das wird ihn auch ablenken. SEUFZ.

Britta und Josephine sind natürlich auch bestens informiert, was hier so läuft. Können es fast nicht mehr erwarten, bis sie endlich hier sind. Kommen beide gleichzeitig und zwar für 4 Wochen!!!
Weil die Wohnung so riesig ist, dürfen sie so lange bleiben. Ich LIEBE meine Mama!

4 WOCHEN!!!

Mittwoch, 22. Juni

Alle unsere Sachen sind eingeräumt und verstaut, jetzt kann's richtig losgehen. Papa ist fast immer außer Haus, trifft sich mit unheimlich vielen Leuten aus der Modebranche. Gönn ihm das so, er blüht auch richtig auf.

Mama möchte mich heute schon in den LOUVRE mitnehmen. Warum nicht, erfülle ihr gerne den Wunsch. Wird wahrscheinlich leicht anstrengend. Wie ich Mama kenne, wird sie vor jedem Bild ewig stehen bleiben wollen (als Kunsthistorikerin ist das ja ihre große Leidenschaft). Museen sind normalerweise nicht so meins, aber auf den Louvre freue ich mich irgendwie.

Donnerstag, 23. Juni

War echt interessant, aber wie befürchtet kein Weiterkommen! Ich glaube, Mama vergaß sogar, dass ich da war. Und DAS heißt was bei ihr!

Hab mich dann verabschiedet, wollte an die frische Luft. Einfach Leute beobachten, an Gabriel denken, ...

„Salut, ça va?"(französisch für „Hallo, wie geht's dir?"), ertönte eine helle Stimme. Freundliches Mädchen, dachte ich und träumte weiter. Ich spürte, wie sie mich weiterhin beobachtete. Sie war etwas kleiner als ich, sicher auch etwas jünger. Hat ihr anscheinend noch nie jemand gesagt, dass man bei Fremden vorsichtig sein soll. Ts, ts... naja, so furchteinflößend sehe ich wahrscheinlich auch nicht aus.

Wir hatten wohl beide etwas Langeweile. Ich vermutete zuerst, dass ihre Eltern auch im Museum vor irgendeinem Bild „festgewachsen" sind. Sie heißt Lisanne.

Könnte aber auch SCHNEEWITTCHEN heißen, mit diesen schwarzen Haaren und der Haut – echt, weiß wie Schnee.

Gerade als ich ihr erzählen wollte, dass ich aus Wien komme, rauschte ein älterer Junge auf einem Skateboard an. Er zog Lisanne am Arm hoch und textete sie zu. Leider verstand ich fast gar nichts, aber ich bin mir zu 1000% sicher, dass das ihr großer Bruder ist. NUR große Brüder führen sich so auf! Niemand weiß das besser als ich. Ohne mich eines Blickes zu würdigen, machte er einen Abgang. Lisanne nahm er mit. Au revoir, Schneewittchen!

Freitag, 24. Juni

Lisanne geht mir nicht aus dem Kopf. Ob sie immer fremde Leute anquatscht? Hoffentlich nicht.

Hatte heute einen „faulen“ Tag. Werde morgen mal die nähere Umgebung erkunden.

Samstag, 25. Juni

Das gibt es nicht! Die Parallelstraße zu unserer Straße heißt RUE GABRIEL(LE). Ist das nicht romantisch? Hab gleich ein Foto gemacht und es Gabriel geschickt. Werde dort öfters herumspazieren.

Yayyy, auch für Britta, Gabriel und Josephine haben die FERIEN begonnen. Wäre heute gerne bei ihnen, wenn sie in der Eisdiele den Beginn der FREIHEIT feiern!

Sonntag, 26. Juni

Gabriel fährt heute los. Nur mit seinem Papa und Sidney. Seine Eltern sind ja getrennt und Oma und Opa in Litauen sind die Eltern seines Vaters. Richtiger Männerurlaub. Ich glaube, als Eltern machen sie das richtig gut... Trotzdem schade, dass sie kein Paar mehr sind. Aber besser so, als immer nur Streit!

Britta hat mir geschrieben, dass gestern auch Emilie in der Eisdiele war. Hat sich an Gabriel rangeschmissen. Ich dreh durch! Diese Hexe!!! Gab mir gleich einen Stich ins Herz, als ich das las. Aber Gabriel hat sie wie Luft behandelt. Das hat sie wohl so aufgeregt, dass sie ihn nur noch mit ihren Blicken erdolchen wollte.
Ist es bedenklich, dass ich mich freue, dass er nun im Auto Richtung Großeltern sitzt? Hmmm... ich glaube, ich muss das mit Britta und Josephine besprechen.

Montag, 27. Juni

Gestern hab ich mir „Sacré Cœur" angeschaut, die total weiße Kirche ist das Wahrzeichen von Montmartre, ganz oben auf

einem Hügel,
mitten in
der Stadt.
Ich bin
dann diese
gigantische
Treppe, die
zur Kirche
führt,
hochgejoggt
und dann
war mir
ganz
schwindelig.
Aber die
Aussicht
war dafür
einfach
überirdisch!

Mama geht heute schon wieder in den Louvre. Vielleicht sollte sie sich gleich neben der Glaspyramide vor dem Eingang ein Zelt aufstellen! Trifft sich mit dem Museumsdirektor, Monsieur Maubert. Glaube, dass sie ein Gutachten für ein besonderes

Bild erstellen soll. Begleite sie vielleicht wieder, weiß noch nicht genau.

Gabriel ist gut bei seinen Großeltern angekommen. Bin froh.

Dienstag, 28. Juni

Mama tut, als wäre sie zu einer Herztransplantation gerufen worden. Total aufgeregt ist sie und schleppt immer eine riesengroße Tasche mit all dem Zeug, was sie für das Gutachten benötigt, mit. Ich kenn sie so gar nicht. Ist aber schön zu beobachten.

Bin mitgekommen. Der Junge von Mittwoch (der vermeintliche Bruder von Lisanne!) hing auch wieder dort rum. Entweder WOHNT er im Museum (was sehr unwahrscheinlich ist) oder hier ist einfach ein guter Platz zum Skateboarden. Er sieht irgendwie verwegen aus, echt ein cooler Typ. Denke, er ist schon sechzehn! Schade, dass er wahrscheinlich einen Knall hat. Wäre vielleicht was für Josephine gewesen.

Mittwoch, 29. Juni

Mama eröffnete uns gestern Abend, dass sie in nächster Zeit viel zu tun haben und deshalb meistens nicht zuhause sein wird. Karl und ich grinsten uns an, scheinen echt krasse Ferien zu werden.

Nichts von Gabriel gehört. Hat er mich vielleicht schon vergessen?

Donnerstag, 30. Juni

Britta und Josephine haben gebucht. Kommen nächsten Mittwoch, weil da die Flüge am günstigsten sind. Karl freut sich auch (er meinte, dann hätte er wenigstens wieder jemanden zum Quatschen, grins!).

Wir sind am Samstag alle bei diesem Museumsdirektor zuhause eingeladen. Mama predigt Karl andauernd, dass er sie ja nicht blamieren soll. Ich glaube, da droht diesmal wenig Gefahr – so schlecht wie er Französisch spricht.

Weiß ehrlich nicht, ob ich mich darauf freuen soll, das wird bestimmt mega langweilig.

Freitag, 1. Juli

Gabriel hat gemailt. Alles gut, sie sind viel unterwegs und haben meistens keinen Internetzugang.

Mama spendierte mir heute neue Jeans und eine Bluse. Naja, die Bluse geht gerade noch, zwar nicht mein Stil, aber auch nicht hässlich. Mama kaufte sich ein echt schickes Kleid, sieht darin fast wie eine Pariserin aus.

Fast.

Samstag, 2. Juli

Heute lange mit Gabriel per Skype geredet. War so schön, leider erkunden sie dann wieder eine Woche das Land und das bedeutet: kein Netz.

Starten gleich los, um unseren Besuch beim Museumsdirektor zu machen.

Sonntag, 3. Juli

Ich fasse es nicht, aber Lisanne und der Junge, der übrigens Stephane heißt, sind die Kinder vom Museumsdirektor, Monsieur Maubert!! Ich bin fast tot umgefallen (gibt's das überhaupt bei

Vampiren?). Eine weiße Schäferhündin namens LOLA haben sie auch. Die wohnen in einem Haus, so etwas habe ich noch NIE gesehen. GENIAL !
Dabei sind alle echt nett drauf, kein bisschen angeberisch oder von oben herab. Stephane hat sich gleich mit Karl verabredet, Lisanne und ich tobten mit Lola im riesigen Garten herum. Ein süßer Hund, da packt mich echt ein bisschen der Neid. Sie hat dauernd versucht, an meinem Ohrläppchen zu knabbern. Übrigens, das Essen wurde nicht zum Problem, haben denselben Speiseplan wie wir. Ist das nicht cool?

Montag, 4. Juli

Wahnsinnsneuigkeiten!!
Der Sohn des Museumsdirektors und seine Freunde machen Graffitis, ehrlich! Sie VERSCHÖNERN Paris. Natürlich nur auf extra dafür frei gegebenen Wänden. Trotzdem hat er deshalb irrsinnige Probleme zu Hause. Seine Eltern trauen ihm da wohl nicht so ganz. Sein Vater dürfte überhaupt sehr streng sein. Er möchte ihn auf irgendein Internat schicken. Stephane verdankt es nur seiner Mama, dass er noch hier ist. Glaube, er ist, genauso wie Karl, MAMAS LIEBLING.
Kann mir gut vorstellen, was DAS für ein DRAMA für einen Direktor des altehrwürdigen Louvre sein muss. Karl findet Stephane natürlich mega cool. Hatten gleich so einen Draht

zueinander, verstehen sich anscheinend „OHNE WORTE“! (Grins!)

Lisanne will Ballerina werden, besucht seit ihrem 8. Lebensjahr die berühmte Ballettschule der Pariser Oper. Sie hat vormittags normalen Unterricht und nachmittags Ballett. Das wäre ein Albtraum für mich, aber ich bewundere solche Leute schon sehr. Da wird dir nichts geschenkt, da hilft nur eiserne Disziplin und massenhaft Training.

Muss zugeben, Stephane hat schon was Besonderes. Weiß noch nicht genau, was es ist, aber ich muss schon oft an ihn denken. Hat aber NICHTS mit Gabriel zu tun! ÜBERHAUPT NICHTS. Scheine auch gar nicht Stephanes Typ zu sein. Und er hätte auch nicht die kleinste Chance bei MIR.

Dienstag, 5. Juli

Morgen kommen meine Mädels, yeah!

Wir haben in meinem Zimmer noch zwei Klappbetten aufgestellt. Liegen dann zwar wie Sardinen nebeneinander, aber zum Quatschen ist es perfekt.

Vielleicht besorge ich noch ein paar Blümchen und bastle ein Willkommens-Herz. Gute Idee!

Mittwoch, 6. Juli

Auf geht's zum Flughafen, freue mich so!

Donnerstag, 7. Juli

Hatte gestern echt keine Zeit mehr zum Schreiben. Haben nur gequatscht und gelacht. Spürte, wie sehr ich die beiden vermisst hatte. Waren dann noch im Bistro, gleich neben unserer Wohnung! Hätte fast vergessen, dass sie auch mal was essen müssen.
Morgen werden wir einkaufen gehen, sollen bei uns nicht verhungern!

Freitag, 8. Juli

Mussten im Kühlschrank ein bisschen umsortieren. All das Blut kann einem Menschen schon auf den Magen schlagen, nicht dass ihnen übel wird. Bin echt froh, dass beide kein Problem mit Vampiren haben.

Heute steht noch Sightseeing auf dem Programm – EIFFEL-TURM, Notre-Dame, etc. ...
Karl trifft wahrscheinlich wieder Stephane, hat auch schon seine Kumpels kennengelernt. Sollen super Typen sein, ein

Mädchen ist auch dabei. Bin mal gespannt, wann er UNS mitnimmt.

Immer noch nichts von Gabriel gehört. Seufz!!

Samstag, 9. Juli

So viel Kunst auf einmal. Waren total geschafft. Machten nur noch einen gemütlichen Mädelsabend – mit Chips, Schokoriegel und „rotem Saft".

Wir haben beschlossen, nicht darauf zu warten, bis Karl uns VIELLEICHT, IRGENDWANN MAL, AUSNAHMS- UND GNÄDIGERWEISE mitnimmt. Werden uns morgen einfach an

seine Fersen heften. Und wenn wir ihn durch die halbe Stadt verfolgen müssen: WIR KOMMEN MIT.
Verfolgungsjagd abgeblasen – Karl stürmte gerade in mein Zimmer, knallte sich aufs Bett und grinste: „Mademoiselles (eine seiner drei französischen Vokabeln), zieht euch warm an (hallo, es ist Sommer!!), wir starten in 5 Minuten."

So kann man sich täuschen, aber Glück gehabt, Bruder!

Sonntag, 10. Juli

Das war ein Tag! Glaube, es war 3 Uhr, als wir endlich schliefen. Wie schräg DIE drauf sind! Also DIE sind Thierry, Victor, Eloise und natürlich Stephane. Hingen alle zusammen am Seine-Ufer ab, OHNE Spraydosen ausnahmsweise. Eloise mochte ich gleich. Die sagt einfach, was sie denkt. Sie und Victor sind Zwillinge, deshalb ist sie immer dabei. Thierry hat zuerst nur herumgealbert, er ist seeeehr lustig. Doch plötzlich hat er begonnen zu rappen und seine Texte waren unglaublich, auch wenn ich nur einen Bruchteil davon verstanden habe. Und dann ist da ja noch Stephane – ist für mich immer noch ein RÄTSEL. Er ist meistens ruhig und beobachtet nur. Nur mit Britta hat er auffallend viel geredet. Natürlich haben wir Mädchen zu Hause alles „durchanalysiert".

Josephine und Britta finden Paris genauso toll wie ich. Und das ist erst der Anfang.

Oh, Gabriel hat wieder Netz!!

Montag, 11. Juli

Gabriel verbringt auch traumhafte Ferien. Fahren kreuz und quer durch das Land, ein richtiger Abenteuerurlaub. Waren jetzt eine Woche in Klaipeda Memel (konnte mir unter diesem komischen Namen so gar nichts vorstellen). Aber die Fotos, die er mir dann geschickt hat, waren toll. Romantischer Hafen, echt schön. Hat ihm auch super gut gefallen. Bleiben jetzt noch 10 Tage bei seinen Großeltern in Vilnius. Vermisse ihn. Wenn er doch auch da wäre. Seufz!!

Neuigkeiten! Treffen uns alle noch heute ABEND! Mama und Papa sind außer Haus, das bedeutet, keine bohrenden Fragen – wohin, wie lange, mit wem, warum, ... Besser geht's nicht.

Dienstag, 12. Juli

Wow! Hätte nie gedacht, dass mir das mal passiert... aber das war es allemal wert. Zuerst trafen wir uns alle (außer Thierry) bei Victor und Eloise. Dort haben sie nämlich alles gebunkert – Spraydosen in allen Farben. Dann ging's los, teils auf Skateboards, teils mit Fahrrädern.

Sie wussten natürlich schon, wo das Objekt der Begierde steht. Am Samstag waren wir ja an der Seine und da hatten die Jungs eine Mauer ausgekundschaftet, halb versteckt hinter Gestrüpp und Efeu.

Stephane und seine Clique waren total lässig, aber MEINE Nerven lagen ziemlich blank. Hatte schon extreme Angst, erwischt zu werden, wofür ich natürlich richtig verarscht wurde. Bin eben nicht so cool. Josephine aber auch nicht. Und Britta? Die wich nicht von Stephanes Seite. Ich wusste, dass sie an Sport interessiert ist, aber auch an KUNST??? Stephane führte sogar ihre Hand und ließ sie an seinem Bild sprayen. Freu mich natürlich für Britta, aber ich hoffe, ihr ist auch klar, auf was sie sich da einlässt (er scheint nicht gerade der umgänglichste Vampir zu sein)? Auf jeden Fall strahlt Britta immer noch wie der Abendstern!

Gerade als Eloise Josephine und mir eine Spraydose in die Hand drückte, sah ich einen Schatten aus den Augenwinkeln. Eigentlich fühlte ich es mehr. Ein Pfiff aus einer Trillerpfeife schreckte auch die anderen hoch. Blitzartig griff jeder nach seinem Rucksack und ergriff die Flucht.

Nur Josephine und ich erstarrten, mit den Dosen in der Hand.

„Los, kommt", schrie Stephane. Britta saß auf seinem Fahrradlenker. Wir rannten los, keine Sekunde zu früh. Das war verflucht knapp!

DANN BLIEBEN PLÖTZLICH ALLE STEHEN... UND BEGANNEN UNGLAUBLICH ZU LACHEN. Besonders Karl, der sich krümmte vor Lachen. Das mit der „ach so geheimen" Sprayerei war alles nur FAKE! Sie taten nur so, als ob wir was Verbotenes machen würden, aber eigentlich war alles ganz LEGAL. Die Mauer war schon ewig freigegeben, aber einfach mit Gestrüpp zugewachsen, weil der Platz nicht so beliebt bei Sprayern war. Sie hatten sich einfach einen Spaß daraus gemacht, uns reinzulegen. Auch der Pfiff aus der Trillerpfeife gehörte zu ihrem Plan. MERCI THIERRY! Keine Gefahr, alles inszeniert. Und wir sind so was von drauf reingefallen. Das schreit nach RACHE!!

Mittwoch, 13. Juli

Mama ist gerade so irrsinnig beschäftigt, dass sie nicht das Geringste von unserem nächtlichen Ausflug mitbekommen hat. Das wäre auch das Ende unseres friedlichen Zusammenlebens gewesen.

Morgen ist französischer Nationalfeiertag, davon wird sie wohl auch wenig mitbekommen.
Trotzdem, wir lassen uns das nicht entgehen. Überall soll es Partys mit Feuerwerk und Paraden geben. Wir werden auf der Champs-Élysées starten. Mal gucken, was die anderen so machen!

Stephane hat gerade Britta angerufen und sich für morgen mit ihr verabredet. Sie wird uns wohl im Schlepptau haben, müssen schließlich auf sie aufpassen. Stephane ist schon ZIEMLICH cool, aber für meine Britta?

Donnerstag, 14. Juli

Sind unglaublich schick – Jeans, weiße T-Shirts und rote Halstücher, farblich auf die französische Flagge abgestimmt. Hatten uns zum Glück mal „Les Misérables" angeschaut, super trauriger, aber auch wunderschöner Film. Wissen also alles vom „Sturm auf die Bastille" und so weiter. Freuen uns. Für Britta ist es auch kein Problem, dass wir mitkommen, ist sogar froh. Karl, Eloise, Victor und Thierry kommen auch. Stephane wird sich das Rendez-vous wahrscheinlich anders vorgestellt haben. Hihihi!

Freitag, 15. Juli

Zu allererst: War für Stephane kein Problem, dass wir mit waren. Glaub ich jedenfalls. Seine Augen funkelten zwar kurz, als er die versammelte Mannschaft sah, aber alles noch im grünen Bereich. Irrsinnig viele Leute, die drängelten und schubsten, bin ich ja nicht so ein Fan von... Aber es war trotzdem sehr lustig.
Und dann noch das Feuerwerk am Nachthimmel von Paris – sooo romantisch! GABRIEL, WO BIST DU? ICH VERMSSE DICH!

Stephane rief noch um Mitternacht Karl an. Muss echt was Krasses passiert sein, wollte darüber nicht am Handy sprechen. Treffen uns morgen in einem Café in Saint-Germain-des-Prés. Karl war da schon mal mit Stephane. Soll total angesagt sein. Hoffentlich findet er es noch!

Samstag, 16. Juli

Sind alle wahnsinnig neugierig, was passiert ist. Mama war morgens schon aus dem Haus, lag nur noch ein Zettel von ihr auf der Küchenablage: „Wird spät, wünsch euch einen schönen Tag.“ Papa schaut bei einem Freund vorbei, Ende September ist ja hier in Paris die FASHION WEEK. „Paris ist eine INSPIRATION“, schwärmt er andauernd... Für UNS aber auch!

Weiß gar nicht, wo ich beginnen soll! Stephanes Papa ist in totalen Schwierigkeiten! Ein Bild, eine Leihgabe aus einem New Yorker Museum, soll eine Fälschung sein! Und Mama hat das herausgefunden! Das Bild ist zwar nicht groß, nur etwa 30 x 20 cm, aber von unglaublichem Wert – 3,5 MILLIONEN. Jetzt wird mir so manches klar. Und ich hatte noch herumgealbert, dass sie wohl einem Grabräuber auf der Spur sei! Grabräuber nicht, aber einer Fälscherbande!!

Richtig gemein, aber Stephanes Vater wurde vorübergehend beurlaubt. Hallo, geht's noch? Hat doch nicht ER ausgetauscht! Aber anscheinend war er für die Sicherheit des Kunstwerkes verantwortlich. Mist! Natürlich ist die Polizei eingeschaltet. Stephane will aber nicht einfach nur abwarten, deshalb haben wir beschlossen, uns selbst in den Fall reinzuhängen. EHRENSACHE! Wissen noch nicht, ob wir die Erwachsenen einweihen sollen.

Sonntag, 17. Juli

Probieren es erstmal ohne Eltern. Können sie ja immer noch fragen, wenn es zu gefährlich werden sollte. Finde ich besser

so. Mama würde wahrscheinlich eine Panikattacke bekommen, kenne sie ja. Müssen zuerst recherchieren und da führt trotzdem kein Weg an ihr vorbei. Wir Mädels übernehmen das, bei Karl würde sie sofort argwöhnisch werden (weil sein Interesse an Kunst unterirdisch ist).

Haben Josephine mit ihrem Unschuldsblick die Fragerei überlassen. Denke, ein paar Sachen waren schon interessant, besprechen aber alles später mit den anderen. Hoffe, dass die Jungs auch ihre Hausaufgaben gemacht haben.

Montag, 18. Juli

Wird nicht einfach werden. Stephane hat gelauscht, als die Polizei bei ihnen daheim war... also Informationen aus erster Hand. Trotzdem, die tappen noch völlig im Dunkeln.

Lisanne ist total verzweifelt. Sie will ihrem Papa unbedingt auch helfen und mitmachen. Haben Stephane deshalb bearbeitet, aber er will davon absolut nichts hören. Beschützerinstinkt, ist ja seine KLEINE Schwester! Finde ich irgendwie süß.

Teilen uns heute wieder auf. Josephine und Eloise versuchen, alles über das Bild im Internet herauszufinden. Britta, Thierry, Stephane und ich werden pärchenweise (klar, mit wem Britta unterwegs ist!) vor verschiedenen Galerien im Szeneviertel abhängen, Stephane hat da ein paar Namen aufgeschnappt, die die Polizei erwähnt hatte. Und Victor und Karl? Haben natürlich den „gefährlichsten" Job, sie hören sich bei den Sprayern um, die bekommen auch einiges mit. Schaden kann es jedenfalls nicht.

Sind kein bisschen vorangekommen. Machen morgen weiter. Habe lange mit Gabriel geskypt. Er würde an unserer Stelle versuchen, das Transportunternehmen ausfindig zu machen, das das Bild vom Flughafen in den Louvre gebracht hat. Super Idee, werde gleich mit Karl darüber reden.

Dienstag, 19. Juli

Gute Arbeit, Stephane hat den Namen! Haben schon ewig einen Vertrag mit derselben Transportfirma. Anscheinend verlässliche Leute. Müssen trotzdem herausfinden, ob es vielleicht ein LECK gibt... Urlaubsvertretung, Neueinstellung, Kündigung, u.s.w. Ich glaube nur nicht, dass UNS jemand Auskunft geben wird.

Lisanne meinte, Mama sei die Beste dafür. Klar, sie ist Kunsthistorikerin und könnte sich bei denen erkundigen. Welche Sicherheitsstandards gibt es bei Transporten von Kunstschätzen? Wie hoch sind die und wer überprüft diese? Alles ganz legitime Fragen, oder? Auf keinen Fall dürfen sie einen Zusammenhang mit dem vertauschten Bild wittern.
Einziger Nachteil dabei – wir müssen Mama einweihen. Und diese Hürde ist ganz schön hoch, aber ganz ohne Erwachsene schaffen wir das wahrscheinlich überhaupt nicht.

Halten noch KRIEGSRAT.

Mittwoch, 20. Juli

Mama MACHT MIT! Nicht zu fassen, aber Karl hat sie überredet. NIEMAND kann sie so um den Finger wickeln. Papa nicht und ich schon gar nicht.

Sie will sich zwar noch mit Papa besprechen – so die ALLERMUTIGSTE ist sie ja nicht gerade, aber immerhin ist sie nicht in Ohnmacht gefallen! Und Papa könnten wir ja auch noch gut zur Unterstützung gebrauchen.

Bin irgendwie beruhigt, dass sie jetzt Bescheid weiß, sind ja doch Kriminelle, die so was tun. Die schrecken bestimmt vor NICHTS zurück. Obwohl, bei uns täten sie sich ganz schön schwer, hehe... aber da sind ja auch noch Britta, Josephine, Eloise und Viktor, unsere „Menschenkinder"!

Müssen die Neuigkeiten noch den anderen erzählen. Hoffe, dass es für sie OKAY ist, dass Mama bei unserer Mission mit dabei ist.

Donnerstag, 21. Juli

War so eine Spitzenidee von Gabriel!

Stephanes Vater halten wir mal lieber raus, er wird bestimmt von der Polizei überwacht. Warum haben sie ihn beurlaubt, wenn sie ihn nicht AUCH verdächtigen??? Finde ich richtig gemein!

Bei uns zu Hause ist jetzt die KOMMANDOZENTRALE. Für die anderen ist es in Ordnung, dass meine Eltern dabei sind. Stephane meinte, es ist auch wegen Lisanne besser... Sie darf jetzt doch mithelfen.

Übrigens, Mama hat morgen einen Termin bei der Transportfirma!! Sie mag die Familie Maubert richtig gern. Will ihnen unbedingt helfen.

Freitag, 22. Juli

Puh, wir sind so aufgeregt und warten, was Mama rausgefunden hat. Sie ist schon seit zwei Stunden weg. Was macht die bloß so lange? Hoffe nur, sie hat nicht die Nerven verloren. Kann nämlich ziemlich unschön werden, wenn ein Vampir durchdreht... auch wenn es Mami ist.
Deshalb Vampir-Regeln 1–10: RUHIG BLEIBEN!!
Wenn das nur so LEICHT wäre. Höre was an der Wohnungstür.

Mama hat's echt drauf. Aber schön der Reihe nach: Das Büro ist in einem sehr vornehmen Gebäude untergebracht. Wollen damit sicher SERIÖSITÄT vermitteln. Der Chef ist sehr elegant. Auf den ersten Eindruck keine Auffälligkeiten.

Übrigens, Papa wartete in einem Café, für alle Fälle. Aber alles gut.

Mama sagte dem Chef, sie sei auf der Suche nach einem Transportunternehmen mit absoluter Zuverlässigkeit. Ein sehr guter Freund habe ihr diese Firma empfohlen. Es gehe um ein ganz besonderes Bild, Wert: einige Millionen! Mama hat ihn sicher mit ihrem unglaublichen Fachwissen in Grund und Boden geredet.

Sie fragte, ob die Spedition Erfahrung mit solch kostbarer Fracht hätte? Erkundigte sich auch über die Mitarbeiter. Laut seiner Aussage ALLES 100% verlässliche Leute, die schon jahrelang bei der Firma sind und denen er ALLEN blind vertraut.

Er erzählte ihr auch von dem Mitarbeiter, der vor kurzem wegen seiner schwerkranken Frau gekündigt hatte.

Mama hat ihn beobachtet, als er das sagte (ich kenne ihren scharfen Blick!). Es kam ihr so vor, als hätte er für Sekundenbruchteile einen schnelleren Lidschlag gehabt – weil ihm die Frau Leid tat oder weil er etwas zu verbergen hatte??? Aber was wäre der Grund dafür? Weiß er vielleicht doch mehr, vertuscht er vielleicht sogar etwas? Ein LECK in der Firma, das wäre der RUIN für ihn.
Ist schon dabei, einen neuen Sicherheitsmann zu suchen,

natürlich wird auch der genauestens überprüft – härteste Sicherheitschecks!

Mama tat wohl sehr beeindruckt. Sie versprach, sich bald wieder zu melden. Richtig gut, wie sie das gemacht hat. Ich glaube, sie war auch stolz.

Werden jetzt mal die nächsten Schritte beraten.

Samstag, 23. Juli

Gestern haben wir noch lange Pläne geschmiedet. Mama hat so ein Gefühl, dass da was nicht stimmt... und Mamas Gefühl trügt sie selten (außer bei mir, wenn sie glaubt, ich würde etwas unglaublich Gefährliches machen).

Hatten eine super Idee. Papa will sich als neuer Mitarbeiter bei der Transportfirma bewerben. Aber wie soll DAS denn klappen? Dazu braucht man doch Zeugnisse und Ausweise?? Papa hat gelacht und gesagt, wir sollen das mal seine Sorge sein lassen, weil er ja immerhin schon lange genug auf der Welt sei und gute Freunde hätte. Papa bringt echt NICHTS aus der Ruhe! Naja, vielleicht ein MODELKURS! Hehe.

Also Daumen drücken. Er muss einfach den Job bekommen!

Mache mir jetzt mal eine „BLOODY COCO“ mit Eis und

verziehe mich in mein gemütliches Bett. Britta trifft sich mit Stephane, Josephine ist mit Eloise und Karl im Kino. Genieße es, mal nur für mich zu sein.

Gerade lange mit Gabriel telefoniert. Vermisse ihn so sehr... Er mich auch!

Sonntag 24. Juli

Papa hat alle Papiere zusammen! Sogar einen Vorstellungstermin für MORGEN hat er, obwohl heute Sonntag ist! Glaube, meine Eltern sind noch deutlich schräger drauf, als ich dachte. Überraschen mich echt. Vielleicht sollten wir für immer in Paris bleiben? NEIIIIIN!!!! Geht gar nicht – lieber die WIENER-ELTERN-VERSION und dafür Gabriel!

Mist, bin heute wieder ausgetickt. Schlimm! War zum Glück alleine unterwegs.

Wollte nur ein paar Croissants für die Mädels einkaufen. Zuerst rempelte mich so ein Blödmann fast um und dann schrie er mich auch noch an. Beschimpfte mich, als wär ich

das Letzte. Ich hab dem Sachen hinterhergebrüllt – mir war gar nicht bewusst, dass ich solche Wörter kenne. Was für ein Idiot aber auch! Trotzdem hätte es nicht passieren dürfen! Stresst mich fürchterlich, außerdem werden diese Wutausbrüche immer häufiger.

Ich trau mich irgendwie nicht, mit Britta und Josephine drüber zu reden. Was, wenn sie Angst vor mir bekommen? Ich mag gar nicht daran denken, dass unsere Freundschaft zerbrechen könnte. Außerdem, Britta ist gerade so glücklich, es hat sie richtig erwischt. Gönn ihr das total und möchte mich jetzt nicht mit meinen Problemen wichtig machen.

Montag, 25. Juli

Papa hat den Job!! Wäre gern Mäuschen gewesen, um zu sehen, wie Papa auf SICHERHEITSMANN gemacht hat.
Kam gerade die SMS: ALLES PERFEKT.

Was bedeutet das? Vielleicht eine heiße Spur? Nein, nein, das kann gar nicht sein. Das wäre viel zu einfach. Wir warten ständig auf Neuigkeiten. Ist schon klar, dass er nicht so einfach telefonieren kann, vielleicht sind da ja Überwachungskameras. Nur keinen Fehler machen, sonst war alles umsonst.

Muss mich ablenken. Gucke mal Britta und Josephine beim Kochen zu. Eloise und Victor kommen zum Essen vorbei. Es riecht eigentlich immer ganz lecker, was sie so kochen! Die Zwillinge wissen natürlich auch, dass ihre Freunde Vampire sind. Entspannte Vampire. Hmm, wenn ich da an mich denke?

Dienstag, 26. Juli

Die Bombe tickt! Papa ist sich ganz sicher, dass da irgendetwas verkehrt läuft. Und mit Mama sind sie dann schon zu zweit. Wichtig ist jetzt, dass die anderen ihn nett und vertrauenswürdig finden, aber das schafft er schon.

Er hat sich anhand eines Gruppenfotos der letzten Firmenweihnachtsfeier vom Chef die Namen aller Mitarbeiter sagen lassen, weil er ja so schnell wie möglich zum Team gehören möchte... hehe... Das freute den Chef natürlich. ;) Perfekt, denn jetzt wissen wir, wie der Sicherheitsmann mit der kranken Frau aussieht und heißt:
Franck Setiche.
Papa hat nämlich ein Foto vom Foto gemacht.
Cool.

Übrigens, Lisanne, Stephane und Thierry waren gestern auch noch da. Wir versuchen, heute etwas über diesen Setiche herauszufinden. Wohnt er noch in Paris? Besucht er seine Frau im Krankenhaus? Mit wem trifft er sich? Macht er was Verdächtiges? Wir könnten ihn verfolgen, wenn er das Haus verlässt.

Aber WIE schaffen wir das? Paris ist riesig, können das wahrscheinlich vergessen. Wissen ja nicht mal, WO er wohnt? Ich hab mir das leichter vorgestellt, ehrlich gesagt.

Mittwoch, 27. Juli

Rettung in Sicht! Thierrys Mama hat eine Freundin, die arbeitet im Einwohnermeldeamt. Klar, sie kann uns nicht einfach die Adresse geben – Amtsgeheimnis, aber ein Hoffnungsschimmer ist es trotzdem!

Yeah!! Sie ist wohl nicht nur eine Freundin, sondern die BESTE Freundin. Wird am Computer DIE Seite öffnen und kurz verschwinden. Thierry wird ganz zufällig da sein und einen Blick draufwerfen. Ist das GENIAL???

Bombe geplatzt! Dieser Setiche ist schon ewig geschieden, seine Exfrau längst neu verheiratet. Von wegen „schwere Krankheit"!

Sind auf der richtigen Spur, ist garantiert unser Mann!

Wir wissen jetzt auch, wo er wohnt, und werden ihn natürlich OBSERVIEREN. Cooles Wort, glaube, das heißt in der Polizei-sprache – beobachten.

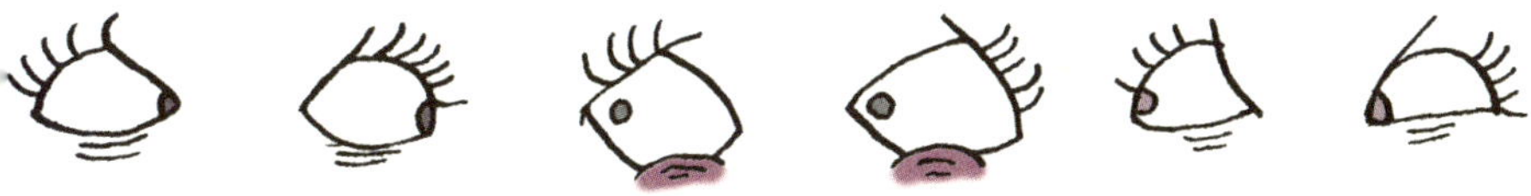

Wir wollen das pärchenweise machen, ist unauffälliger. Können uns dann schnell mal umarmen, damit er sich nicht unsere Gesichter merkt. Niemand guckt in Paris auf verliebte Pärchen. Dachten – Eloise und Thierry, Victor und ich, Britta und Stephane, Josephine und Karl. Lisanne darf nicht mit, zu gefährlich!

Donnerstag, 28. Juli

Sightseeing fällt erstmal aus, keine Zeit!

Mama kriegt jetzt doch die KRISE. Steigert sich auf einmal total rein wegen Britta und Jo (Eloise nennt sie so!). Hat ihren Eltern versprochen, gut auf sie aufzupassen. Dürfen nicht mit, sonst sind wir ALLE raus!

Ist ja lieb, dass sie sich solche Sorgen macht, aber hätte sie damit nicht noch ein bis zwei Tage warten können?
Ist ein echtes Drama für die Zwei. Wenigstens ist Lisanne nun nicht mehr die einzige, die zuhause bleiben muss.

Freitag, 29. Juli

Vornehme Gegend, wo dieser Setiche wohnt. Schon verwunderlich, wie er sich so etwas Feines leisten kann. Da muss man eine Menge Geld haben!
Thierry ist jetzt mit Eloise vor Ort. Karl und Stephane lösen sie dann ab. Die Umarmung wird da wohl ausfallen!

Aber abends sind zwei GROSSE Jungs besser und Lola haben sie auch mit. Natürlich nicht zur Verstärkung, sind ja Vampire!

War nicht so erfolgreich, unsere Beschattung. Er verließ zwar einmal das Haus, verschwand aber gleich im nächsten Bistro. Schien so, als warte er auf jemanden – kam aber keiner. Warten jetzt mal, ob Karl und Stephane Neuigkeiten mitbringen.

Bei Papa läuft's recht gut. Versteht sich mit den anderen Kollegen, aber etwas wirklich Brauchbares hat er leider auch noch nicht herausgefunden. Seufz!

Samstag, 30. Juli

Wie cool ist das denn! Mama meinte gerade, ob Britta und Josephine den Urlaub nicht um zwei Wochen verlängern möchten? Waren zuerst sprachlos und haben sie nur angestarrt. Schrien dann aber alle drei gleichzeitig los und umarmten und drückten sie.

Natürlich wollten sie, was für eine Frage! Mama ist schon ziemlich entspannt drauf, na ja, entspannt ist vielleicht übertrieben. Sag nur: VORGESTERN...

Auch bei den Jungs tat sich überhaupt nichts. Dieses Beobachten nervt! Möchte morgen endlich wieder was Schönes machen. Oder ist das egoistisch? Wahrscheinlich. Wenn MEIN Papa verdächtigt werden würde, hätte ich mir so was wohl kaum gewünscht.

Sonntag, 31. Juli

Echt nett. Die Jungs haben uns Mädels heute „dienstfrei“ gegeben.

Lisanne und Eloise haben uns ein paar tolle Plätze gezeigt. Die findet man natürlich nur mit dem speziellen Wissen von Einheimischen. Ist natürlich deutlich cooler, als wenn man mit einem Reiseführer in der Hand durch die Stadt rennt.

Wir saßen lange am Seine-Ufer und haben ganz viel gequatscht und soooo gelacht. Wir sind alle ganz schön ehrlich geworden – das muss an der Stimmung dort liegen –, ich hab sogar von meinem Gabriel gesprochen und wie wahnsinnig er mir fehlt.

Karl rief gerade an, „sterben“ anscheinend gleich vor Hunger. Muss ihnen etwas zu „essen“ bringen. Ich schwing mich gleich aufs Rad. Die Armen sollen nicht verhungern, wenn sie schon arbeiten müssen.
Ich zittere immer noch, bin so wütend!! Vor allem auf MICH. Diesmal hat mich Karl echt vor einer Katastrophe beschützt. Ausgerechnet Karl!

Muss mir das jetzt von der Seele schreiben, sonst kann ich Schlafen vergessen.

Ich brachte also Nachschub und spielte mit Lola. Wir waren alle so beschäftigt, dass wir die fremden Jungs gar nicht bemerkten. Erst als diese Kracher DIREKT vor Lolas Schnauze explodierten und sie davonraste, sah ich sie. Blöde grinsend suchten sie Streit mit uns.

Da kam sie hoch, diese unbändige Wut – stärker, als jemals zuvor. Ich EXPLODIERTE. Kann's nicht erklären, aber alles in mir brannte. Sah einfach nur ROT!

Weiß nur noch, dass ich im Sprung zwei von ihnen gleichzeitig zu Boden riss. Wenn Karl mich nicht weggezerrt hätte... hätte ich mir die Blutkonserve am Abend wahrscheinlich sparen können. Ich darf gar nicht daran denken. Sind dann abgehauen, die Idioten.
Es ist so gemein, Tiere zu erschrecken. Lola hätte ja unter ein Auto laufen können.

Hab nur noch geheult. Stephane hat Lola beruhigt, zum Glück ist ihr nichts passiert. Muss echt sagen, beide Jungs waren so lieb zu mir. Null Vorwürfe, ließen mich auch nicht allein nach Hause fahren.

Stephane tröstete mich. Er kennt das auch von sich und will mir helfen, das in den Griff zu bekommen.

Aber WIE denn?? Und wenn ich es NICHT schaffe?
Dann können sie mich wegsperren, bin echt eine Gefahr für die Menschheit! Kann nicht mehr. Will nach Hause, zu Gabriel.

Montag, 1. August

Britta, Josephine und vor allem Mama dürfen NICHTS davon erfahren.

Schäme mich. War das wirklich ICH? Was passiert da mit mir? Ich habe schreckliche Angst, dass mein unkontrolliertes, vampirisches Temperament mit mir durchgeht. Wenn Stephane das auch kennt, vielleicht kann er mir wirklich helfen?
Will ALLES tun, damit die schreckliche Wut nicht alles zerstört, was ich liebe. Besonders meine Freundinnen will ich nicht verlieren. War sowieso schon ein mega Vertrauensbeweis von ihnen, dass sie noch mit mir befreundet sein wollen, nachdem sie von meinem Geheimnis erfahren haben.

Mama hat mich vorhin so komisch angeguckt. Versteh sie auch OHNE WORTE. Sollte wohl bedeuten, alles OKAY mit dir? NEIN, gar nichts ist okay und mir geht's grottenschlecht. Könnte nur heulen.

Haben jetzt getauscht, Stephane und ich übernehmen die erste Wache. Können dann reden. Wenn's mir bloß hilft. Tut mir gut, dass Stephane so ehrlich war. Ist ja nicht leicht, so was zuzugeben.

Bin total froh, dass Britta IHN so gerne mag (naja, eigentlich ist es mehr als mögen, hat sie mir gesagt). Dachte ja zuerst, er sei nicht gut genug für sie.

Starte jetzt los, Stephane wartet!

Muss ihm da einfach vertrauen. Wenigstens ist es eine Chance.

Er hat es ja auch in den Griff bekommen.

Stephane erklärte mir, WIE es ihm gelingt, diese Wahnsinnswut halbwegs zu bändigen.

Ist wohl nur noch bei ganz wenigen Vampiren so stark ausgeprägt, so ein „Glück“, dass ich dazuzähle. Ist echt kompliziert und ich verstehe das auch noch nicht so ganz. Aber irgendwie schafft Stephane es, dass er diese zerstörerische Energie in Konzentration umwandeln kann. Klingt für mich noch wie Zauberei. Wie soll man totale Unruhe in totale Ruhe umwandeln? Bei ihm scheint es zu funktionieren. Er kann dadurch sogar all seine Sinne schärfen. Im Klartext bedeutet das, dass er die Umgebung dadurch viel intensiver wahrnimmt, er wird in ALLEM besser: im Hören, Sehen, Riechen, Schmecken und Fühlen. Klingt nach Superkräften, sind aber wohl klassische, alte Vampirstärken, wenn man sie noch in sich hat und fördert. Könnte trotzdem drauf verzichten.

Ich bin gespannt, ob ich das hinbekomme... Werde das Training meiner Vampirkräfte sehr ernst nehmen!

Dienstag, 2. August

Gestern Abend habe ich noch lange mit Gabriel geskypt. Er ist wieder zu Hause und vermisst mich schrecklich.

ICH VERMISSE IHN AUCH!!!!!

Fühle mich so elend, muss gleich mit Stephane los. Weiß nicht, was die anderen vorhaben, ist mir auch irgendwie egal. Coco, reiß dich zusammen, bist ja keine Heulsuse! Naja, ehrlich gesagt, zweifle ich daran.

Papas Bericht von der Arbeit: Das mit dem gefälschten Bild war ein echter Schock für die Mitarbeiter der Transportfirma. Dachten zuerst, der Laden wird dicht gemacht. So etwas spricht sich rasend schnell herum und wenn erstmal das Vertrauen weg ist, will auch niemand mehr Geschäfte mit einem machen. Alle sind ziemlich nervös dort.

Dieser Herr Setiche MUSS etwas damit zu tun haben, denn Stephanes und Lisannes Papa war es SICHER NICHT.

Stöhn! Müssen weiter auf der Lauer liegen, leider war heute wieder alles ruhig. Konnte viel mit Stephane reden. Tat mir gut.

Britta war gerade komisch drauf. Stephane wollte noch was mit ihr unternehmen, sie wollte aber nicht. Werde sie mal fragen, was los ist.

Mittwoch, 3. August

Ich glaube, Britta ist sauer auf MICH. Weiß nicht warum und sie will es mir auch nicht sagen. Josephine, Lisanne und sie werden heute zusammen was unternehmen. Vielleicht geht's ihr dann ja besser – hoffentlich.

Britta ist doch meine allerbeste Freundin, bin traurig, wenn etwas zwischen uns steht. Müssen endlich am Abend reden. Ist ganz wichtig!

Stephane und ich hatten heute Verstärkung. Thierry und Victor waren auch dabei. Quatschte wieder viel mit Stephane, er ist echt klug. Da wartet noch harte Arbeit auf mich, aber ich MUSS das schaffen. Das werde ich!! Ich schwöre es.

Stephane glaubt, dass ich UNBEDINGT mit Britta und Jo reden muss: „Du würdest doch auch für sie da sein wollen, wenn's ihnen schlecht geht?"

Er hat recht.

Absolutes Chaos! Britta hat geweint und Josephine ist stinksauer auf mich. Verdreht nur die Augen, wenn sie mich ansieht. Was ist los mit den beiden, drehen sie jetzt komplett durch?! Wollten auch nicht mit mir reden.
Wir sind doch FREUNDINNEN? Was passiert da gerade mit uns? Ich bemühe mich doch so sehr, meine Probleme vor ihnen zu verstecken. Fällt mir schwer

genug, nicht mit ihnen darüber zu sprechen, weil ich Angst habe, sie deswegen zu verlieren. Will einfach nur weg. Muss alleine sein.

Niemand mehr wach. Mir geht es nicht gut. Wie soll ich das bloß hinbekommen? Gabriel ist so weit weg, meine Freundinnen schneiden mich und sonst gibt es auch nur Stress.

Ich kann nicht mehr!

Donnerstag, 4. August

Das auch noch! Hab verschlafen, alle sind schon „ausgeflogen". Nicht mal ein Zettel liegt auf dem Küchentisch. Überfordert mich gerade alles.

WIR HABEN IHN!! Wahnsinn, ist das super! Alles Weitere morgen!

Freitag, 5. August

Das war ein Tag! War ja gestern ganz alleine, da klingelte Stephane an der Tür, wollte Britta abholen und mit ihr reden, ob ER was verbockt hat. Aber die war ja schon weg.

Deshalb gingen wir nochmal zum Wohnhaus von diesem Franck Setiche. Alles war ruhig, nichts zu sehen von unserem Verdächtigen. Also Zeit für mein Anti-Wut-Training.

Stephane schlug ein EXPERIMENT vor: Er wollte mich richtig wütend machen und mit mir dann üben, diese rasende Energie zu kontrollieren. Klingt ziemlich verrückt, aber wohl der einzige Weg, das zu trainieren.

Das mit dem Wütendmachen war NICHT das Problem. Stephane schnappte sich meinen ziemlich neuen Rucksack und begann, damit „Fußball" zu spielen.

Zuerst versuchte ich, es zu ignorieren. Ich wusste ja, dass er mich provozieren wollte. Aber das schien keinen Unterschied zu machen. Ich merkte, wie die Wut langsam in mir hochstieg. Als er dann noch seine Kicker-Künste wie ein Sportmoderator kommentierte, legte sich bei mir wieder der Hebel um. Ich zitterte, tobte, glaubte, aus der Haut fahren zu müssen, aber plötzlich hielt mich Stephane fest. Ich weiß nicht wie lange, ich kam mir wie in einem SCHRAUBSTOCK vor! Irgendwann veränderte sich etwas in mir, ich fühlte mich wie in Watte gepackt. Das war schön und SELTSAM zugleich. Es kam mir vor, als wäre ich schwerelos und könnte alles um mich herum noch viel genauer beobachten. Es war wie in einem Traum. Bekomme jetzt noch eine Gänsehaut, wenn ich an all die Farben, Geräusche und Gerüche denke.

Zuerst konnte ich diese vielen Eindrücke nicht filtern, aber auf einmal wurde alles ganz klar. SETICHE stand in seiner Hauseinfahrt. Und obwohl er ein ganzes Stück weit von uns entfernt war, sah und spürte ich ganz deutlich seine Unruhe, roch seinen Angstschweiß und hörte, wie er leise fluchte. Unser „OBJEKT DER BEGIERDE“ hatte er auch gleich mit dabei, sauber in braunes Packpapier verschnürt. Ohne es zu sehen wusste ich, dass es tatsächlich das echte Bild, das ORIGINAL war. Das musste wohl auch was mit meinen neu erworbenen vampirischen Fähigkeiten zu tun haben. Blitzschnell verarbeitete ich all diese Informationen. So etwas habe ich noch NIE erlebt.

Auch Stephane war alarmiert.

Sahen uns nur an und jeder wusste, WAS zu tun war. Im nächsten Augenblick standen wir vor ihm, Widerstand war zwecklos. Stephanes Griff konnte auch er nicht entkommen. Vampirkräfte haben also auch ihre guten Seiten.

Den Rest erledigte die Polizei. Sie nahm ihn samt gestohlenem Kunstwerk in Gewahrsam.

Naja, jetzt hört sich das alles so locker an, aber gleich danach war mir speiübel. Papa musste uns sogar abholen kommen, ich war fix und fertig. „Meine Heldin“, meinte er nur lieb und wischte mir eine Haarsträhne von der Stirn.

Ah, da ruft er mich gerade, muss nochmal zur Polizei – Papa begleitet mich natürlich!

Die Polizistin war ganz schön umständlich. Ich musste alles doppelt und dreifach erzählen – und das auf Französisch. Natürlich gab es viele „WARUMS“ zu erklären, ich sagte einfach die Wahrheit, vielleicht nicht die GANZE.

„Ma petite (französisch für „Meine Kleine“), Hände weg vor Verbrechern“, meinte sie zum Schluss noch mit erhobenem Zeigefinger.

Die KLEINE kann darauf gerne in Zukunft verzichten!!

Samstag, 6. August

Sind immer noch alle ziemlich aufgeregt. Mama drückt mich die ganze Zeit, hat diesen überbesorgten „Gluckenblick“ drauf. Ist ja süß, aber langsam wird's nervig. Solche massiven Gefühlsausbrüche von ihr sind immer recht anstrengend.

Am Donnerstag wurden Stephane und ich wie HELDEN gefeiert. Alle waren noch bei uns – Victor, Eloise, Thierry, Lisanne und natürlich auch Madame und Monsieur Maubert. Die Eltern von Stephane und Lisanne wollen uns eine kleine Freude machen. Sie meinten, wir sollen uns was Schönes überlegen. DAS bekommen wir hin. So spontan dachten wir alle an eine coole Party, oder wie man in Frankreich sagt: La boum!

ZWEI waren in dem ganzen Durcheinander sehr ruhig. Zuerst fiel's mir gar nicht so auf, aber Britta und Josephine verhielten sich ziemlich eigenartig.
Wollte sie umarmen, aber Jo meinte: „Na, jetzt kriegst du wohl einen Orden und STEPHANE noch als Draufgabe. Herzlichen Glückwunsch! Armer GABRIEL, du hast IHN echt nicht verdient!"

Hallo, was war denn das bitte? Ich verstand NULL... Was meinten sie DAMIT? Dass ICH mir Stephane geschnappt hätte?

Ja, geht's noch? Das sollten sie mir mal erklären!
REDEBEDARF!!

Was für ein Kuddel-Muddel. Britta schüttete mir ihr Herz aus. Sie glaubte doch wirklich, dass ich ihr Stephane wegnehmen wollte. Und das obwohl ich mit Gabriel zusammen bin.
Jetzt machte es endlich KLICK bei mir. Das kommt davon, wenn man Geheimnisse vor seinen besten Freundinnen hat! Angst, SIE ZU VERLIEREN, hin oder her. Was hab ich mir dabei gedacht? Hätte wohl LÄNGST mit ihnen reden müssen: über meine Wutausbrüche, meine Angst, über Stephanes Angebot, mir zu helfen und unsere vielen Gespräche.
Das mussten sie ja einfach falsch verstehen und glauben, ich sei an IHM interessiert.

Bin total froh, dass jetzt alles geklärt ist... und sie immer noch meine allerbesten Freundinnen sind. Sie haben mir nochmal erklärt, dass sie niemals Angst vor mir haben werden und dass ich mit allem zu ihnen kommen kann, auch wenn sie keine Vampire sind.

Keine Geheimnisse mehr, großes Ehrenwort!

Sonntag, 7. August

Noch zweieinhalb Wochen, bis ich Gabriel wiedersehe! Das dauert ja noch EWIG.

Die Mädels bleiben jetzt ja vierzehn Tagen länger. Da bleibt uns jetzt ein bisschen Zeit, um Spaß zu haben.

Heute ist mal nur CHILLEN angesagt. Auch gut. Wir haben zwei Matratzen aus den Betten nach oben auf das Flachdach geschleppt, eisgekühlte Getränke organisiert und natürlich Musik. Wir haben einfach nur faul herumgelegen und die tolle Aussicht genossen.
Britta und Stephane sind ganz verliebt. Vermisse Gabriel NOCH mehr, wenn ich die beiden beobachte.

Montag, 8. August

Weil ich heute auch NICHTS machen wollte, haben sie mich SPIELVERDERBERIN genannt. Damit kann ich leben. Jedenfalls sind alle weg. Ich fühle mich einfach immer noch irgendwie unrund.

Das mit meinen Wutausbrüchen ist ja nicht vom Tisch, nur weil ich das jetzt ein Mal kontrollieren konnte. Was, wenn mich wieder etwas wütend macht? Klappt das dann wieder? Muss da echt dran bleiben. Meine Freundinnen wollen mich auch unterstützen. Josephine schlug vor, YOGA auszuprobieren. Sie würde auch mitkommen. Ich im Yogasitz? Was für eine lustige Vorstellung... OOOOM!

Vielleicht muss ich einfach mal ungestört mit Gabriel skypen? Das hilft mir immer.

Er kommt vielleicht, GABRIEL kommt vielleicht!!!!!

Seine Mama checkt gerade Flüge und Hotels für sich, Sidney und Gabriel! 5 Tage wollen sie bleiben. Wenn DAS klappt, ich dreh gleich durch! Hoffentlich kommen die anderen bald nach Hause, das sind echt die BESTEN Neuigkeiten!

Komm nach Pariii, Gabriii

Dienstag, 9. August

Sind alle ganz aus dem Häuschen. Werden die versprochene Party natürlich so planen, dass Gabriel und Sidney auch dabei sein können!

Bitte, bitte, es muss einfach klappen. Ich lass mein Handy lieber nicht aus den Augen, bin ganz durcheinander.

Mittwoch, 10. August

Jaaaa, es klappt! Sie kommen! Am 15. August sind sie da. Paris ist echt das Paradies. Ich liebe es! Muss es gleich den anderen erzählen.

Ach, dass MIR so was SCHÖNES passiert. Bin nur happy!

Donnerstag, 11. August

Hätte in meinem Gefühlschaos fast vergessen aufzuschreiben, WIE dieser Franck Setiche den Betrug schaffen konnte. Erstmal, die in der Firma hatten wohl so einen Verdacht, verhielten sich aber still. War ihnen egal, dass der Museumsdirektor in ein schiefes Licht geriet. Ziemlich frech!

Also, Setiche hatte schon ein halbes Jahr zuvor von der Leihgabe an den Louvre gewusst. Von wem? Keine Ahnung.

Er fand einen Fälscher, der das Bild perfekt kopierte. In einem günstigen Augenblick während des Transports zum Museum tauschte er es dann gegen das Original aus. Wartete nur, bis sein Arbeitskollege auf die Toilette ging, dann schlug er zu. Aber er hat nicht mit UNS gerechnet! Pech gehabt, Fiesling.

Woher ICH das weiß: Papa hat natürlich auch bei der Polizei seine Freunde.

Freitag, 12. August

Müssen alles durchorganisieren, was wir unternehmen werden! Und vor allem, superwichtig, DIE PARTY!

Monsieur Maubert hielt Wort. Wir werden bei Stephane und

Lisanne zu Hause feiern, bei Schönwetter im Garten! Hoffentlich bleibt es so sommerlich! Ist das nicht herrlich?

Treffen uns gleich mit der ganzen Runde. Gehen in Lisannes Lieblingspark.
Hat auch ein schönes, altes Karussell.

Mir ist alles recht, Hauptsache Gabriel ist im Anflug.

Samstag, 13. August

Wir Mädels hatten total viel Spaß auf dem Karussell. Jeder saß auf einem Pferd und wir hielten uns die ganze Zeit an den Händen. Es war wie fliegen. Ich war in dem Moment richtig glücklich.

Die Jungs fanden das natürlich albern. Sie sind halt schon sooo erwachsen!

Die Party wird ziemlich gut werden! Haben sogar schon den Einkaufszettel geschrieben. Immerhin brauchen Gabriel, Britta, Jo, Eloise und Victor auch was zu essen und zu trinken. Alles schön gemischt – 5 Menschenkinder, 6 Vampire und ALLE vertragen sich. Unglaublich, dass das möglich ist!

Noch etwas Lustiges ist uns im Park passiert: Ein Straßenkünstler (MALER) mit Baskenmütze und aufgezwirbeltem Schnurrbart verfolgte wirklich JEDEN, auch uns. Unter einem Arm trug er eine Staffelei, an der anderen Schulter baumelte eine Umhängetasche voll Pinsel und Farbtuben. So schnell konnten wir ihn gar nicht abwehren, da hatte er schon alles vor uns aufgebaut.

Verstehe ja nicht viel von Kunst, aber seine Portraits sahen echt seltsam aus, so als hätte er beim Essen gekleckert und dabei zufällig etwas auf ein Blatt Papier fallen lassen.
Als er dann unbedingt von uns allen ein Bild machen wollte, half nur noch die Flucht!

Sonntag, 14. August

Endlich, MORGEN kommt Gabriel. Ich bin aufgeregt, habe auch ein bisschen Angst. Hat sich zwischen UNS etwas verändert? Vielleicht gefalle ich ihm gar nicht mehr? Ach, so viele Fragen!

Zuerst wollten Karl, Britta und Josephine, dass wir zum Flughafen fahren, um sie dort zu begrüßen. Ich konnte es ihnen aber zum Glück ausreden. Wäre mir irgendwie peinlich, ihn vor ALLEN wiederzusehen. Seine Mama ist ja auch da! Ich will diesen Moment mit Gabriel ganz alleine genießen. Sobald er im Hotel ist, ruft er mich an. Dann ist es endlich soweit.

Verliebt sein ist wirklich schön, aber auch kompliziert. Für MICH jedenfalls. Weiß nicht, wie's anderen damit geht.

Montag, 15. August

Bin echt hibbelig. Hab schon geduscht, die Haare geschätzte 100 Male von rechts nach links gekämmt und meine Freundinnen mit der alles entscheidenden Frage genervt: WAS soll ich anziehen?

Britta meinte Jeans und T-Shirt, bloß nicht aufgebrezelt. Josephine fand mein einziges Kleid als ideale Wahl. „Sind ja in Paris, da passt sowas Romantisches perfekt!“

Weiß nicht, was Gabriel besser gefallen würde, aber ich tippe eher auf Jeans. Vielleicht irre ich mich auch, probiere nochmal beides an.

Hab Shorts und T-Shirt angezogen. Mama meckert zwar jedes Mal an der Hosenlänge (viel zu kurz) herum, wenn ich nur in

ihre Nähe komme. Aber DAVON versteht sie echt NICHTS. Die Shorts bleiben!
Schwitze doch tatsächlich an den Händen, werde gleich nochmal duschen!

Schnell nur eine kurze Info: ALLE Ängste waren umsonst.

Dienstag, 16. August

Gabriel und Sidney sind jetzt am Vormittag erstmal mit ihrer Mama unterwegs. Da gab es kein Entrinnen.

Gestern holten nur Karl und ich die beiden Jungs im Hotel ab. Fand ich von meinen Freundinnen total süß. Sie freuten sich, dass ich Gabriel erstmal nur für mich hatte.
Karl brachte Sidney auf den letzten Stand der Dinge, da hatten sie eine Menge zu besprechen.

Bin so erleichtert, zwischen Gabriel und mir war es so wie immer... Ich glaube, sogar noch ein bisschen schöner!
Er nahm mich in den Arm und so standen wir eine Weile. Eng aneinander gekuschelt küssten wir uns.

Kann es gar nicht so beschreiben, dafür gibt es einfach keine Worte. Es ist einfach MAGIE!

Gabriel ist total neugierig auf meine neuen Freunde.

Alle verstehen
sich super, da
fällt mir ein
Stein vom Herzen!
Ist mir unheimlich wichtig, ich
mag sie nämlich ALLE. Klar, dass ich
Gabriel ganz besonders mag.
Für morgen hat Stephane eine Überraschung geplant, sollen uns den
ganzen Tag frei halten.

Lisanne tat sehr geheimnisvoll. Sie hätte wahrscheinlich nicht dicht gehalten, aber ihr großer Bruder warf ihr einen vernichtenden Blick zu. Kenne DIESEN Blick, bin ja auch eine KLEINE Schwester!

Heute stand erstmal das besondere Sightseeing auf dem Programm – die Kunstwerke von Stephane und seinen Freunden. Gabriel und Sidney waren total begeistert. Ich denke, sie werden das auch mal ausprobieren.

Mittwoch, 17. August

So ein phänomenaler Tag!

Los ging's in der Rue Gabrielle (machten natürlich ein Foto!), also praktisch vor unserer Haustür. Von dort marschierten wir wieder mal in einen Park. Unglaublich, was es da alles gab. Überall Cafés, Hüpfburgen, ein riesiges Aquarium und sogar ein Zelt für Popkonzerte.

Aber jetzt kommt das absolut Genialste: La Géode. Da bleibt dir die Luft weg, wenn du diese riesige Halbkugel siehst, in der sich Himmel und Erde spiegeln.
Musste mich echt hinsetzen, so überwältigend war das Bauwerk. Auf die Außenhaut haben sie Tausende kleine, glänzende

Dreiecke gepappt, die alles rundum reflektieren, wie eine riesige Discokugel.

Wir breiteten Decken aus und holten Essen und Getränke aus unseren Rucksäcken. Ich rückte ganz nah an Gabriel – hmmmmmm, er roch so gut.

Britta und Stephane steckten die Köpfe zusammen. Eloise, Lisanne und Josephine alberten herum und lachten. Jo versteht sich super mit Eloise. Karl hat wohl Eloise angebaggert und jetzt grinsen sie nur, wenn er sie anschaut.

Die Jungs erkundeten ein phänomenales U-Boot, das gleich neben dem Kino im Trockendeck liegt. Sieht wie ein riesiger Walfisch aus. Soll 10 mal die Erde umrundet haben. Die Jungs waren ganz in ihrem Element. Fachsimpelten, als wenn sie selbst damit die Weltmeere bereist hätten.

Könnte in diesem Park eine Woche verbringen, wäre mir keine Minute zu langweilig.
Das Sensationellste kam aber zum Schluss: La Géode von innen!

Ich saß neben Gabriel. Auf meiner anderen Seite hatte es sich Karl gemütlich gemacht.

Muss das jetzt mal beschreiben: Die Leinwand ist 10 mal so groß wie eine normale Kinoleinwand und dazu noch gewölbt. Man muss eine Spezialbrille tragen, damit man alles gleichzeitig sehen kann.
„Ging uns allen beim ersten Mal so", raunte mir Lisanne zu, als sie sah, WIE ich mir den Hals verrenkte.

Hing den ganzen Film über wie eine Fledermaus an Gabriel.

Konnte seinen Herzschlag spüren.
Kam mir vor, als hätte ich selbst im Film mitgespielt. Einfach krass! Aber echt EINDRUCKSVOLL.
Karl verhielt sich ausnahmsweise ganz ruhig. Als er während des Films rausging, raunte er nur was von: „Hab wohl was Falsches gegessen". Von wegen: „Was Falsches gegessen"? Unser „Menü" ist ja immer dasselbe. Ich denke, ihm wurde einfach schwindelig... Ist ja überhaupt kein Drama, aber so was würde er nie zugeben.

Zum Abschluss zeigte uns Stephane noch Paris bei Nacht. Obwohl wir alle hundemüde waren, kletterten wir also die Stufen zu Sacré Cœur hoch.

Josephine, Britta und ich wollten einen kurzen Blick in das Innere der Kirche werfen. Das hat schon ein bisschen was Unheimliches an sich. Wir wanderten durch den ziemlich dunklen Kirchenraum und blieben vor einer Statue mit einem hölzernen Schwert stehen.

Als ich den beiden erzählte, dass einige meiner Vorfahren durch so ein Holzschwert getötet wurden, raunte ein alter Mann neben uns: „Aber Kindchen, durch so ein Holzschwert ist noch keiner gestorben."
Wenn der wüsste. Wir hatten genug gesehen und machten uns auf den Weg zu den anderen.

Ich stand da mit Gabriel, eng an ihn geschmiegt und Händchen haltend. Wir schauten auf die von Lichtern funkelnde Stadt und riefen: Paris, wir kommen wieder!

Donnerstag, 18. August

Meine Mama hat sich Gabriels Mama geschnappt, um ihr Paris zu zeigen. So eine Spitzenidee, können jetzt die ganze Zeit für uns nutzen.

Gabriel und ich spazierten erstmal entlang der Seine. So romantisch... Schauten uns immer wieder in die Augen – und ich hab immer noch kleine Fledermäuse im Bauch, wenn er mich ansieht.
Dann trafen wir die anderen in einem coolen Restaurantschiff. Höchste Zeit, dass wir mal über die Party (ist schon am Samstag!!) sprachen. Müssen noch einiges vorbereiten.

Da sind ja die zwei Turteltäubchen!

Schauen noch schnell bei Eloise zu Hause vorbei, wollen noch Inlineskates organisieren.

Freitag, 19. August

Kommen gerade vom LOUVRE. Gabriel wollte unbedingt dorthin. Diesmal waren nur Britta und Stephane mit.

Hatten solches Glück, dass wir durch unsere guten „Beziehungen" über einen extra Eingang reinkamen. Am Einlass warteten ja Riesenschlangen.

War ja schon mal mit Mama da. Stephane erzählte uns, dass der Louvre zuerst eine richtige mittelalterliche Festung war, dann ein Königsschloss und erst nach der Französischen Revolution ein Museum wurde. Kennt sich da ziemlich gut aus. Naja, bei dem Vater auch nicht gerade so ein Wunder. Gabriel hatte so seine eigenen Geschichten zum Louvre. Er ist sich sicher, dass Stephanes und meine Vorfahren die ersten Bewohner hier waren und dieses Gebäude nur mit ihren Zähnen alleine verteidigt hatten. Stephane zog lediglich seine Oberlippe hoch und grinste. Schon war das Thema vom Tisch und alle lachten. Gabriel wollte UNSER gerettetes Bild sehen, wir natürlich auch.

Da hing es nun zwischen all den weltberühmten Gemälden! Ich schlug mit Stephane ab, Britta und Gabriel verdrehten nur die Augen. Aber Ehre, wem Ehre gebührt!

Noch eine Neuigkeit: Stephane möchte im Herbst nach Wien kommen! Will dort zur Schule gehen. Ich glaube wegen Britta. Die kann es gar nicht fassen, hat sogar ein bisschen geweint – natürlich Freudentränen.

Kann ich echt verstehen, hoffentlich seine Eltern auch!

Müssen uns jetzt ausruhen, abends ist „Friday-Night-Fever" angesagt!

Wie cool war das denn! Muss es sofort aufschreiben, denn morgen wartet eine Menge Arbeit auf uns.

Also, gegen 22 Uhr starteten ein paar Tausend (!) Inline-Skater zu einer Fahrt durch Paris. Und WIR mitten drin. Sausten über einen breiten Boulevard, wo natürlich keine Autos fahren durften.
Polizisten, auch auf Skates, sicherten die Strecke. Alle waren so unglaublich gut gelaunt. Würde es das doch auch in Wien geben!
Lisanne durfte nicht mit, muss auf ihre Tanzbeinchen aufpassen und es war auch zu spät für sie. Ist ja auch nicht ganz ungefährlich. Mama wäre zwar am liebsten mit dem Auto nebenher gekurvt, aber zum Glück war alles autofreie Zone. Und SIE auf Skates? Da musste selbst Mama lachen.

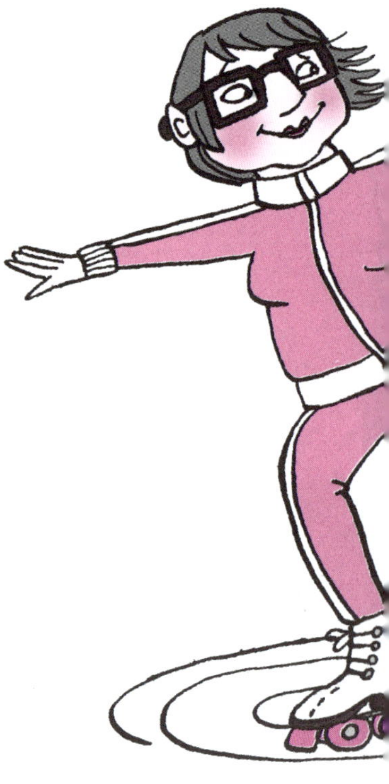

Ist alles gut gegangen, sind wieder gesund und mit allen (Beiß-)Zähnen zuhause gelandet.

Obwohl: Gleich am Anfang hatten Jo, Britta und ich eine Schrecksekunde. Wir dachten erst, die Lobenwein „verfolgt" uns. Da sah jemand genauso aus wie sie und wackelte auf Skates hinter uns her: gleiche Frisur, gleiche Brille, gleiche Figur. Aber als sie uns anlächelte, gab es Entwarnung. Das war nicht die Lobenwein. Die KANN nämlich gar nicht lächeln. Puh, Glück gehabt! Reicht, wenn wir sie in der Schule wiedersehen.

Es war ein genialer Abend!

Samstag, 20. August

Schon Samstag!

Morgen fliegen alle nach Hause. Die Mädels haben zufällig denselben Flug wie Gabriel. Ich beneide sie so! Könnte ich doch auch mitfliegen.

Gabriel kommt gleich, ich will auf alle Fälle noch zum Eiffelturm mit ihm. Britta, Josephine und Eloise kümmern sich um den Einkauf für heute Abend.

Übrigens: Mama weiß von meinen Wutattacken! Hätte mir das ja denken können, mit ihren RÖNTGENAUGEN entgeht ihr wirklich gar nichts.
Karl hatte sie diesbezüglich auch schon ins Kreuzverhör genommen. Ausnahmsweise trifft ihn da mal keine Schuld, kenne ihre Verhörmethoden.

Gabriel ist da!
Nur Gabriel und ich
– er meinte, dass er mich einfach mal ganz für sich alleine wollte...
Soooo süß von ihm!

Fuhren ein kleines Stück mit der Métro. Wollten nicht direkt zum Eiffelturm, da ist so ein Hügel, von dem hat man den perfekten Blick auf das Wahrzeichen von Paris. Weiß das von Lisanne. Saßen im Gras, vor uns das 300 m hohe Bauwerk. Karl musste im Kunstunterricht mal aus Streichhölzern den Turm nachbauen. Das war vielleicht ein Stress! Wenn nicht die ganze Familie daran gebastelt hätte, wäre er heute noch nicht fertig damit.

Gabriel kitzelte mich die ganze Zeit mit einem Grashalm. Da hatte er sich aber die Falsche ausgesucht. Mit einem „Schnapp" war der Grashalm weg. Meine Reflexe sind wirklich ziemlich gut... und meine Zähnchen erledigen dann den Rest.

Wir schmiedeten dann noch Pläne und malten uns sogar den Schulbeginn in rosigen Farben aus. Wir verstehen uns so gut!

Muss mich beeilen, meine Freunde sind sicher schon bei den Mauberts. Wäre gemein, sie bei den Vorbereitungen im Stich zu lassen. Freu mich so auf den Abend, hoffentlich hält das Wetter!

Bin total UNGLÜCKLICH! Will nur noch schlafen.

Sonntag, 21. August

Mag gar nicht schreiben. Nur so viel, sind alle abgereist.

Hab ein Schild mit „Bitte nicht stören" gemalt, hänge es jetzt draußen an meine Zimmertür. Kann echt NIEMANDEN sehen.

Montag, 22. August

Meine Freundinnen fehlen mir. Hab gerade mit ihnen geskypt. Trösten konnten sie mich auch nicht. Meinen, das wird schon wieder. Die haben leicht reden.

Ach, der Abend hatte so schön begonnen. War alles super vorbereitet, Sessel und Tische im Wohnzimmer an die Wand gerückt, Teppiche aufgerollt, Zerbrechliches in Sicherheit gebracht.
Durften echt das ganze Wohnzimmer umkrempeln. Hatte ja zu regnen begonnen. Tolles Buffet, super Musik, Discolicht und zu späterer Stunde...

ÜBERRASCHUNGSGÄSTE!

Zuerst lief alles traumhaft. Thierry hatte die perfekte Musik aufgelegt, sparte auch nicht mit romantischen Songs. Alle tanzten, wahnsinnig gute Stimmung. Ich fühlte mich so wohl.

Ja, und gegen 22 Uhr kamen dann ein paar von Stephanes Schulfreunden und – SCHULFREUNDINNEN.
Stephane hatte sie eingeladen, meinte es sicher nur gut. Gäbe ja nichts zu sagen, aber wer rechnet mit so etwas: Britta, Jo und ich starrten die beiden Mädchen nur an. WIE hübsch waren denn DIE!
Musste auch Gabriel bemerkt haben; strubbelte durch seine Haare und grinste sie umwerfend an.
Hatte gleich so ein blödes Gefühl, als ich die Mädchen sah, richtige Französinnen halt. Kann leider nicht mal behaupten, dass sie tussig waren, auch nicht aufgebrezelt, einfach nur CHIC.
Kam mir neben ihnen wie ein TRAMPELTIER vor.

RICHTIG angefressen war ich aber, als Gabriel auf CHARMANT machte. Was sollte das?????
Josephine fand es ganz normal, dass er so WAHNSINNIG nett war. Ich fand's einfach nur AUFDRINGLICH!
„Gabriel mag nur dich, sei bloß nicht SO eifersüchtig!", meinte sie sachlich. Manchmal kann sie ganz schön hart sein. Aber kann sie nicht verstehen, wie es mir dabei geht? Das sollte doch UNSER Abend werden? Hatte mich so darauf gefreut. Kam mir echt wie VERRAT von Gabriel vor!

Ich verschwand dann einfach im Garten und kuschelte mit Lola. Die Süße hat als Einzige genau gespürt, WIE schlecht's mir ging.

Die Party war für mich so was von gestorben. Hab mich gar nicht mehr bemüht, auf NETT zu machen. Wenigstens hatte ich keinen Wutanfall! Oder zum Glück!
Und man glaubt es nicht: Gabriel war doch tatsächlich auf MICH sauer. Das tut ganz schön weh!
Ich blieb trotzdem bis zum Ende der Party. Wäre unfair gewesen, sie beim Aufräumen im Stich zu lassen.

Und jetzt sind ALLE weg. Bin durcheinander und traurig. Kann ja sein, dass ich VIELLEICHT etwas überreagiert habe, aber wie ER diese Französinnen umschwärmt hat! Da wird mir JETZT noch ganz schlecht.

Dienstag, 23. August
Gabriel hat sich nicht ein einziges Mal gemeldet. Ich aber auch nicht. Und wenn es zwischen uns AUS ist? Was soll ich bloß tun? Vielleicht weiß Eloise einen Rat?

Eloise kam sofort vorbei und drückte mich. Sie kann richtig gut zuhören und hat ganz viel Herz.

Saßen unter einem Schirm im Nieselregen auf den Stufen von Sacré-Cœur. Ist echt mein Lieblingsplatz, weiß auch nicht, warum.

Es tat so gut mit ihr zu reden. Sie erzählte mir auch von ihrem Exfreund. Sie ist gerade solo. Warum ist Verliebtsein SO kompliziert?
Eloise sagte etwas sehr Schönes, nämlich „dass Liebe sehr zerbrechlich ist und man gut auf sie achtgeben muss."
Das stimmt wirklich und ich bin so ein Elefant im Porzellanladen!

Werde Gabriel anrufen.

Wir sind noch zusammen! Tut ihm auch total leid, dass er mich gekränkt hat. Wollte mir nie wehtun. Bin TOTAL erleichtert.

Mittwoch 24. August

Morgen geht es nach Hause!

Könnte vor Freude laut schreien. Macht aber gerade Mama, schreit aber nicht vor Freude, sondern vor Ärger, weil ihr niemand beim Packen hilft.

Dann werde ich wohl mal! Karl ist sowieso nie mehr hier anzutreffen, will nicht wissen, was er so macht. Setzt sich wahrscheinlich gerade ein farbiges „Kunstdenkmal", hoffentlich dort, wo es erlaubt ist.

Hätte ich fast vergessen – Stephane kommt wirklich nach WIEN. Ist seit gestern fix. Wird nicht in unsere Schule gehen, sondern in eine andere.
Cool, dann lernen wir auch dort neue Leute kennen. Freue mich für Britta. Das wird ein geniales Schuljahr!!

Hab richtig geschuftet, aber da ist wenigstens die Zeit schneller vergangen. Sind am Abend noch bei Lisannes Eltern auf ein Getränk eingeladen. Werde Lisanne vermissen, natürlich auch Lola, ihren süßen Hund.

Madame Maubert hat Mama gebeten, ein (wohl eher ZWEI) Auge(n) auf IHREN Stephane zu haben. Hätte sich echt NIEMAND Verlässlicheren aussuchen können. Denke, jetzt hat Mama zwei Jungs, die sie um den Finger wickeln. Bravo!

Donnerstag, 25. August

Paris war wunderschön, aber jetzt freue ich mich auf mein Zuhause. Alles eingepackt, warten nur noch auf das Taxi.

À bientôt! (französisch für... „Bis bald"!)

Freitag 26. August

Alle waren am Flughafen, Gabriel, Britta, Josephine und Sidney. Habe mich richtig gefreut, sie wiederzusehen.

Muss erstmal Mama helfen, sonst bekommt sie die Krise. Aber ist okay. Treffe mich am späten Nachmittag mit Gabriel – und Mama hat nicht mal was dagegen.

Waren nur spazieren, Gabriel und ich. Wollte ihm unbedingt erklären, WARUM ich auf der Party so komisch war.
Ich redete und redete und redete, da zog mich Gabriel an sich und küsste mich. Alles ist gut.

Samstag, 27. August

Am 5. September ist Schulbeginn! Nur noch eine Woche Ferien.

Wollen die letzten Tage noch richtig genießen, bevor uns die Lobenwein wieder das Leben schwer macht.
Nicht zu vergessen unsere liebe Emilie. Wie ich sie kenne, hat sie garantiert NICHT die Schule gewechselt. Die alte Petze wird sich wundern, wenn sie glaubt, wir hätten vergessen, wie gemein sie damals in Italien war.

Treffen uns am Nachmittag alle in der Eisdiele.

Gabriel fängt ab Montag wieder mit den Bandproben an. Ist schon cool, wenn man so gut Gitarre spielen kann.

Sonntag, 28. August

Endlich wieder mal leckeres Himbeereis gegessen. Wie ich das vermisst habe! Und erst Paolo! Hat uns begrüßt, als wären wir von einer Weltreise heimgekehrt. Schon lieb, wie herzlich er ist.

Hugo, Lilly, Flo, Andrea, Julian, Leo, alle waren da. Das war ein HALLO! War echt unglaublich, sie wiederzutreffen. Fällt mir gerade auf, Emilie war gar nicht da. Ist sie vielleicht doch ausgewandert? Hoffentlich ans Ende der Welt.

Montag, 29. August

Schwimmbad wäre heute nicht schlecht. Ob Gabriel Zeit hat? Josephine und Britta fallen nämlich aus, bei Jo ist die Oma da und Britta kränkelt ein bisschen.

Gabriel kommt mit, klingelt gleich bei mir.

Julian und Flo waren schon da, als wir kamen. Und welche FREUDE – sie breiteten ihre Badetücher neben unseren auf! Noch näher ran ging's wohl kaum. Fragte sie, ob sie sich nicht gleich auf MEINES setzen wollen. Grinsten nur, „guter Witz", und rempelten Gabriel an.

Jungs müssen sich immer balgen, sind wahrscheinlich „Platzhirschkämpfe".
Weiß nur nicht, WEN sie damit beeindrucken wollten?

War trotzdem ein lustiger Nachmittag. Erzählten von ihrem Urlaub, die Hälfte ist sicher unter Märchenstunde abzuschreiben.

Julian konnte zum 100. Mal nicht verstehen, warum ich KEINE Pommes mag. Die Jungs mampften neben mir und klatschten sich die fettigen Finger auf den Bauch. Diesmal verdrehte ICH die Augen.

Später malte Gabriel mit Sonnencreme Herzchen auf meine Beine. Legte sich ganz schön ins Zeug. Natürlich waren die zwei Jungs da schon weg!

Dienstag 30. August

Hab die Schulsachen vom letzten Schuljahr ausgemistet.

Ich mache mich jetzt mal möglichst unsichtbar aus dem Staub. Mama stellt gerade die Leiter zum Fensterputzen auf. Ist wieder ganz die ALTE. Nix wie weg, bevor sie auf dumme Gedanken kommt und mich einteilt.

War mit Josephine bei Britta – Krankenbesuch. Scheint wohl eher Liebeskummer zu sein. Haben viel gequatscht. Britta

hat einfach „Bauchschmerzen“, ob das mit Stephane und ihr gutgehen kann?
Stimmt, ihre Eltern sind ein echter Risikofaktor. Sehe da ein bisschen schwarz, habe aber nichts von meinen Befürchtungen gesagt. Muss nicht den Teufel an die Wand malen.

Wenn ihre Noten stimmen, ist es sicher leichter für sie – wir werden sie alle beim Lernen unterstützen!

Mach mir selbst da auch nichts vor, aber mit Schulbeginn ist das SAVOIR VIVRE (klingt so schön!), also das SÜSSE LEBEN endgültig vorbei.
Aber das wird schon, Schule ist wichtig, aber nicht DAS Wichtigste. Naja, für die meisten Eltern und für ALLE Lehrer schon. Die haben sie ja auch schon HINTER sich.

Mittwoch, 31. August

Habe Papa gefragt, ob er wieder einen Modelkurs anbietet. Hat nur an seine Stirn getippt. „Davor verkaufe ich DICH", lachte er. Fragt sich nur, WER mich haben will.

Komme gerade von Gabriels Bandprobe. Geh jetzt auch ALLEINE hin, ist ja ganz offiziell mit uns.

Mein Herz hat mit den Bässen um die Wette gewummert. Wenn er spielt, ist er unglaublich süß.
Und er ist MEIN Freund! Yeah!

Morgen kommt Stephane. Britta hat schon seine Wohnung gesehen, hat ihr Fotos davon gemailt. Er hat eine EIGENE Wohnung!
Sein Vater hat sie von einem Freund gemietet. Dessen Tochter ist zum Studieren in den USA, einfach ein Wahnsinnsglück für ihn. Alles voll möbliert, total super.
Eigentlich war ja ein Internat geplant, aber ob da Blutkonserven im Kühlschrank stehen? Das war wohl auch der Grund für diese Entscheidung. Ich find's klasse! Mama hat sich SEHR gewundert, dass er alleine wohnen darf, aber immerhin ist er schon siebzehn. Fast!

Bin neugierig, wie sie da „ein Auge auf ihn" haben wird. Tippe mal auf ÜBERWACHUNGSKAMERAS.

Sind gleich in der Eisdiele verabredet.

Zu früh gefreut, Emilie ist NICHT ausgewandert. Ihr ist wirklich nichts zu peinlich. Kam an unseren Tisch und hauchte Gabriel einen Kuss auf die Wange. Ein echter Überraschungsangriff! Hätte ihr am liebsten mein lauwarmes Himbeereis über ihr nagelneues Sommerkleid gekippt. Beherrschte mich, bin ja schon „groß". Soll bloß nicht denken, dass sie so weitermachen kann (bei Gabriel), fahre sonst meine Zähne aus!

Und die sind echt scharf!

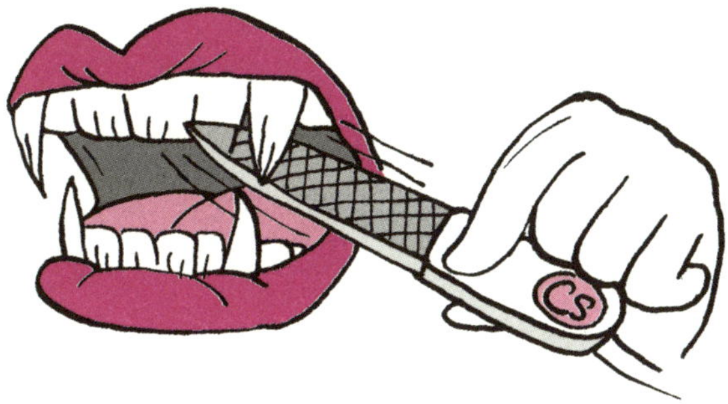

Gabriel fand's auch total KINDISCH!

Donnerstag, 1. September

Stephane ist gelandet. Haben all seine Sachen bereits in seine Wohnung gebracht. Klar, dass Mama dabei war, muss alles seine Ordnung haben. Die Wohnung ist super schön. Ein bisschen beneide ich Stephane schon. Vielleicht ist es aber auch traurig, so ganz ohne Familie! Wenn sie auch manchmal nervt, man liebt sie trotzdem! Aber Stephane hat ja jetzt uns.

Später wollen wir ihm noch Wien zeigen, mal das Wichtigste davon. Weiß nicht, womit wir am besten anfangen sollen!

Waren im Prater! Ist wirklich nicht am wichtigsten, aber Britta wollte es unbedingt. „Auf dem Riesenrad ist der Ausblick so schön“, meinte sie. Eher war's die romantische Fahrt in dem Waggon. Konnten es aber alle verstehen. Warum sind eigentlich Gabriel und ich noch nie auf diese Idee gekommen?

Freitag, 2. September

Denke, Stephane fühlt sich ganz wohl hier. Findet unsere Stadt fast so schön wie sein Paris.

Morgen feiern wir bei ihm eine kleine Einweihungsparty. Soll auch unsere Freunde kennenlernen.

Samstag 3. September

Eine Sensation – die LOBENWEIN hat sich in eine andere Schule versetzen lassen. Sie hatte in unserer Schule anscheinend „keinen Rückhalt bei pädagogischen Problemen“ (Zitat Lobenwein). Diese Info haben wir von Lilly. Ihre Mama unterrichtet dort.

Großes Rätselraten natürlich, wen wir jetzt als Klassenlehrer bekommen. Ich tippe auf Mona Gärtner. Aber egal, SCHLIMMER kann's ja in keinem Fall werden!

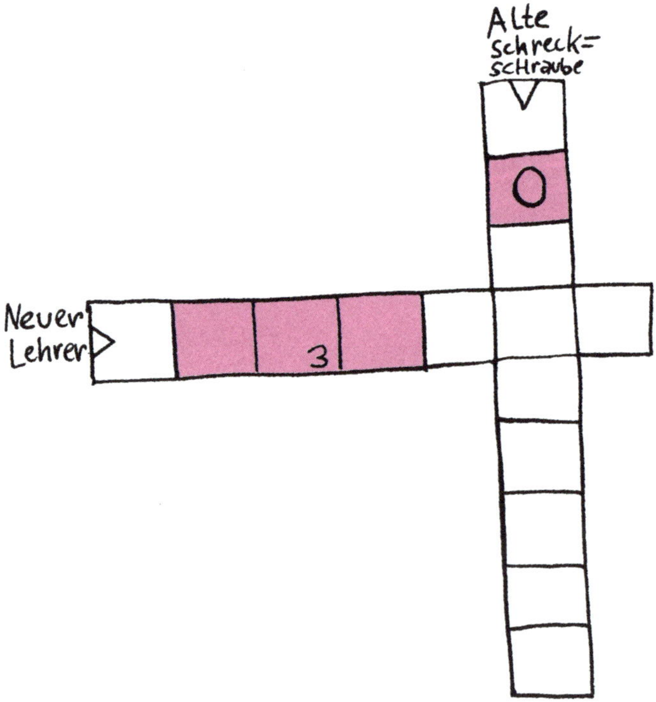

Bin ehrlich erleichtert, dass heute keine Gefahr von der „Französinnen-Front" droht. Ich schwöre es, ich werde die Party so genießen. Ziehe mir auch das KLEID an, das mir Zoe damals für Italien geschenkt hat. Aufgebrezelt hin oder her, ich werde richtig chic aussehen.

Vermisse Lisanne und Eloise. Schade, dass sie nicht da sind. Müssen sie unbedingt einladen, Lisanne kann bei uns und Eloise bei Josephine wohnen.

Laut Karl ist mein UMSTYLING gelungen.
Vertraue seinem Urteil nicht bedingungslos, aber schließlich ist er auch ein Junge. Vertrage mich zurzeit ganz gut mit meinem Bruder, eigentlich seit meinem letzten „Ausraster" in Paris. Finde ich prima.

Sonntag, 4. September

Die Party war der Hammer. Eigentlich war alles nur improvisiert, aber vielleicht war's gerade deshalb so genial. Jeder hatte etwas zu essen oder trinken mitgebracht. Echt unkompliziert.

Gabriels verliebter Blick traf mich wie der Blitz: „Er findet mich hübsch, NUR mich." Die Fledermäuse waren wieder da. Sie flatterten wie wild in meinem Bauch. Legte meinen Kopf an seine Brust und so tanzten wir. Schön!

Hoffentlich wird das noch lange SO bleiben.

Habe mir viel vorgenommen: gegen meine Wutattacken anzukämpfen, mich vom „Elefanten“ in – WAS eigentlich?? – zu verwandeln, keine Geheimnisse vor meinen besten Freundinnen zu haben, ... – da gibt es sicher noch einiges.

Schau erst mal ganz entspannt auf morgen, den ersten Schultag!

Montag, 5. September

KATASTOPHE – Es ist die KRÄTZEL!!!

Unsere neue Klassenlehrerin ist die Krätzel. Von wegen, schlimmer kann's nicht werden!
Das kann ja heiter werden........

Coco's

SPECIAL

Ist ja irre, super, heissa, so einfach geht

Als erstes brauchst du,
ist doch klar, schönes, graues
Zackenhaar

Und darunter, echt ein Muss
die leicht ovale Coco-Nuss

Dein Portrait wird wunder-
bar mit dem grauen
Augenpaar

Und als nächstes, das macht
Spaß: Cocos kleine
Gnubbelnas

der Nachwuchs-Beisser:

Ganz wichtig ist auch für
die Gute ihre Knutschi-
Reißzahnschnute

Behalt auch noch im
Hinterstübchen, das kleine,
freche Coco-Grübchen

Und zum Schluß braucht
Cocos Kopf an jeder
Seite noch nen Zopf

Ach, und fast hätt ich's ver-
schwitzt, dass links und rechts
ein Spitzohr sitzt!!!

Das gefällt mir besonders an Coco:

(schreibe es in Stichworten mit Pfeilen zur Illu)

Drei Eigenschaften, die ich mit Coco gemeinsam habe:

1.

2.

3.

Meine Lieblingsfrisur für Coco würde so aussehen:

Hallo ...., ich überlege mir, ob ich mir für mein nächstes Abenteuer vielleicht eine neue Frisur zulegen sollte… Was meinst du? Kannst du mich vielleicht beraten, indem du mir deine Lieblings-Frisur zeichnest? Fotografiere sie gerne ab und maile deinen Entwurf an adrian@wimmelbuchverlag.de
Ich würde mich so freuen!

So könnte Cocos Haustier aussehen:

Die Freundschaft von Coco, Britta und Josephine finde ich toll, weil...

1.

2.

3.

Ein Graffiti von mir würde so aussehen:

Diese Schimpfwörter verwende ich, wenn ich wütend bin:

Das hilft mir am besten, wenn ich wütend bin:

- [ ] Tee trinken
- [ ] Sport zum Abreagieren
- [ ] Mit Freunden reden oder telefonieren
- [ ] Schlafen
- [ ] Laut Musik hören
- [ ] Sonstiges:

Ich bin verliebt:

- [ ] Jaaaaaa!
- [ ] Nein!
- [ ] Das ist ein Geheimnis!

Coco & Gabriel zum Ausmalen:

Das macht mich glücklich:

- [ ]
- [ ]
- [ ]
- [ ]
- [ ]
- [ ]

So würde ich als Vampirmädchen aussehen:

COCO, COCO, COCO, COCO, COCODI COCODA!
POUR TOUJOURS
Küss misch!
AÏE!!
Je t'aime!
TAG auch!
TAG auch!

Mein gemeinsames Graffiti mit Karl!

Kraaaaassss! Seit Paris ist „Cyan Karlie", wie er sich jetzt nennt (...!), total im Graffiti-Fieber. Kannst du dir deine schönen, bunten Stifte schnappen, und ihm helfen, sein Riesen-Gemälde zu vervoLLständigen?

Ein Eintrag von mir
in Cocos Tagebuch:

!!! Freu dich auf Band 3 !!!
Coco schreibt natürlich weiter Tagebuch... denn oft kommt es anders, als man denkt!
SOMMER 2019

Text © Gerda Maria Pum
Illustrationen, Comictexte & Covergestaltung © Iris Blanck
Lektorat: Anne-Marie Schikowsky
Satz: Nicolaus-Johannes Heyse

www.adrian-verlag.de
ADRIAN VERLAG
Walter Unterweger
Kreuzstr. 21
13187 Berlin

Alle Rechte vorbehalten
Printed 2018 in EU
ISBN 978-3-94718-806-2

Papa
Mama
Coco
Karl